EL LIBRO
DEL BUEN SALVAJE

ANTONIO CISNEROS
EL LIBRO
DEL BUEN SALVAJE
Crónicas de viaje / Crónicas de viejo

*Para mi querido amigo
Julio Ortega, con un
abrazo de Oso Hormiguero.*

*Toño
IV . 1998*

PEISA

Lima / Perú

Primera edición: diciembre de 1994
Segunda edición: marzo de 1997

El libro del Buen Salvaje

© 1994, Antonio Cisneros
© 1997, PEISA
   Promoción Editorial Inca S.A.
   Av. Dos de Mayo 1285, San Isidro
   Lima 27, Perú

   ISBN: 9972-40-049-2

Diseño de carátula:
   Carlos A. González R.

Foto de contracarátula:
   María Laura Rey

Composición y diagramación:
   PEISA

Impresión:
   Panamericana, Formas e Impresos S.A.
   Bogotá, Colombia

Proemio

Más de algún sabio lector, bondadoso tal, vez, podría creer que muchos de los textos que aquí aparecen pretenden ser relatos más o menos imaginativos o historias de ficción. Sin embargo, puedo jurarlo, tanto las crónicas como los diarios semanales no son otra cosa que el fiel recuento de algunas circunstancias de mi disparatada vida. La mayoría de los escritos están referidos al mundo de los viajes. Los viajes exteriores (ojos de buey, aduanas, aviones, bicicletas) y los viajes del alma, aquellos que deambulan entre el corazón y el páncreas. Todas estas prosas, casi todas, fueron publicadas por primera vez en diversas revistas. Creo que reuniéndolas en *El libro del Buen Salvaje* las he librado de la irremediable dispersión, no sé si del olvido. Por lo demás, ese periodista que habita en mí, no tienen por qué estar reñido con el viejo poeta que me ocupa. Al fin y al cabo, buena parte de los miles de versos escritos a lo largo de la vida también vienen a ser, a su manera, el libro de mis crónicas de viaje.

Quiero además agradecer a la Negra, mi esposa, y a mis hijas Soledad y Alejandra por haberme soportado esas mañanas en que, contra mis deseos y el reloj, me entrego a la labor de periodista. También a mi hijo Diego por acudir (casi) siempre en mi auxilio cada vez que la computadora me hace una trastada. (A. C.)

CRÓNICAS DE VIAJE

LA MALDAD DE LA SEÑORA C.

Mi primer viaje a Europa lo hice en un carguero de mineral de hierro. Catorce días, entre berenjenas y tallarines, y una avispada tripulación griega, duró la travesía al puerto de Dunkerke en la costa francesa.

Hasta ese periplo trasatlántico, mis únicos trabajos de altamar, muchos años atrás, habían consistido en un par de incursiones en la bahía de Pucusana y una azarosa expedición miraflorina, a bordo de un bote-zapato, donde casi perezco en mi más tierna edad.

Ese viaje en un buque carguero tenía sus ventajas. En todo el territorio del inmenso navío, yo era el único pasajero a título cabal. De modo que me instalaron en los aposentos reservados al armador o propietario que, como es habitual, siempre están vacíos. La suite, con sus dos enormes piezas y su baño con una tina familiar de mármol rosa, era muy superior a los sucesivos departamentos que después tuve que habitar en mis años de Londres.

La desventaja en cambio era el capitán. A pesar de su nombre mitológico (o tal vez por lo mismo) era una bestia. No es que yo pretendiese arrancarle algún diálogo platónico o sesudas veladas en torno a los poemas de Cavafis, pero su charla silvestre y agresiva era más de lo que un joven poeta, rumbo a Europa, podía soportar.

Toda su memoria helénica empezaba y terminaba en los

burdeles del puerto del Pireo. Y ni siquiera sabía de fútbol. Así, cansado de jugar póker, casino y la mano sucia (o cagada), decidí convertirme en un lobo de mar. Suerte de abúlico parásito, entre el cielo y las olas, a la espera del grito de tierra.

Una vez arribado a Dunkerke arrastré mi maleta, comprada en Rastro de San Francisco, hasta el embarcadero de los *ferries*. En un cuarto de hora partía el "Prince of Wales" con rumbo a Folkestone. El barco a pesar de sus dos chimeneas pintadas de rojo y su cubierta inferior repleta de automóviles, me pareció, por contraste con el carguero griego, demasiado pequeño y proceloso.

Sin embargo, ya instalado en la proa, descubrí los placeres de la vida naval. Almirante y grumete, sentía la ventisca de los mares del norte revolviéndome el pelo. Y esas minifaldas deslumbrantes de los años 60 me hicieron olvidar, sin resquemor, el garbo altivo de la mujer limeña. El *ferry-boat* era una fiesta. Y los verdes acantilados de las costas inglesas llegaron prematuros a interrumpir la felicidad.

Durante los años que viví bajo la corona de su majestad, regresé con frecuencia al continente. A menudo lo hacía por avión. Pero cada vez que el tiempo y la salud lo permitían, trepaba alborozado, mi gorra marinera y mi Volkswagen, al primer *ferry-boat*.

A causa de esos peregrinajes acabé en el 67, como reo de la justicia francesa. Ahora, a los cuarenta y ocho de mi vida, me cuesta creer que aquellas peripecias fueron reales. Como también imaginar que alguna vez estuve casado con la señora C.

Mi amigo Hernando Núñez nos había invitado, en entusiasta carta, a pasar unos días en París. La idea de encontrarme con Hernando y recorrer, en la vida real, las infinitas y soñadas postales de Montmartre y Montparnasse, fue música celestial en mis oídos. Pagué por adelantado una semana a la casera de Coleherne Road y enrumbé a la rada de Dover.

El sol brillaba sobre los campos del sur inglés y los ruiseñores cantaban con todo desparpajo. Y si bien no tengo el menor aprecio por las aves canoras, en aquella ocasión celebré sin tapujos sus gorjeos. Hice dos o tres altos en las tabernas del camino y, siempre con espíritu celebratorio, apuré unas cuantas pintas de cerveza *bitter*.

No sé si fueron los tumbos del Canal de la Mancha, el exceso de ozono o los vinos del *ferry*, la cosa es que la euforia crecía como un bosque. Euforia que compartí con los parroquianos, víctimas también de los tumbos y el ozono, en el flotante bar.

En honor a la verdad, la señora C. no era proclive a las alegrías ciudadanas y, luego de pegarme unos púdicos codazos, fingió contemplar el vuelo de las gaviotas hasta que el barco atracó y bajaron el puente.

De Calais a París habían pocas horas. El sol brillaba aún sobre los campos franceses y los ruiseñores (otros ruiseñores) cantaban a más no poder. La tarde era propicia, lo que indispuso a la señora C., que, malhumorada, decidió tomar el timón para evitar cualquier pascana en el camino. Mi jolgorio sin embargo, en vez de recular, desbordaba entre los trigales de la Normandía. Y me puse a imitar, con sentimiento, a Carlitos Gardel.

La señora C., que por lo demás detestaba los tangos, detuvo el auto con súbito frenazo y, mirándome a los ojos, dijo que el carburador andaba mal. Y aunque mis ánimos poco tenían que ver con la mecánica, no tuve más remedio que bajarme y destapar el capó del Volkswagen. Lejos me hallaba de imaginar la traición que acechaba.

En un abrir y cerrar de ojos, el carro se perdió en el horizonte, mientras yo, en medio de los sembríos, quedé librado a los mastines y los cuervos. Las sombras de la noche ya asomaban y de golpe, como ocurre en el campo, todo el paisaje se esfumó.

A los veinte minutos de errante caminata pude vislumbrar algunos resplandores que aparecían y desaparecían en el cielo: eran los convoyes de camiones, gigantes y veloces, que viajan a Estambul. Sólo el aullido de los perros mayores y los *bunkers* en ruinas de la Segunda Guerra me hacían compañía. Hasta que, por un instante, unas luces amarillas dejaron de moverse en la distancia. Allí enfilé mis pasos.

La aldea no llegaba a los mil habitantes y su nombre no figura en ningún mapa. El café (kiosko de diarios y tabaquería) albergaba a esa hora, a casi media población. Yo hice mi entrada cual un vaquero de Texas en cantina mexicana. Tragos para todo el mundo. *Vive la France.*

No podría jurar que me entendieron. Lo cierto es que mi oferta cayó, sin mayor estrépito, en el fondo de un pozo vacío. Y los parroquianos siguieron con sus vinos, acompañados de huevo duro, y algún malsano té a la menta. Yo brindaba con el mejor *cognac.*

No sé cuánto duraron mis festejos. En un momento dado, fueron interrumpidos por un compacto murmullo. Tras el compacto murmullo aparecieron unos gendarmes llamados por el sorprendido patrón del café. Tenían gorras chatas y capotes azules como en las películas francesas. De rostro más bien bonachón, fruncieron el ceño sólo para pedirme los papeles. Los benditos papeles. Con pavor recordé que los había dejado en la guantera del auto conducido por la lejana y feroz señora C.

Esa noche dormí en una celda con cama de cemento. A la mañana siguiente, ya sin ánimos celebratorios, me topé con las miradas, otra vez bonachonas, de los guardias de la noche anterior.

Uno de ellos abrió la reja y me indicó la salida. Gesto que agradecí. Y ya me despedía, con una venia casi japonesa, cuando otro guardia redondo y colorado, me cogió del brazo con vigor. *"Pas du tout, monsieur."* Mi situación de indocumentado no había cambiado en absoluto. Se trataba, simplemente, de ir a tomar el desayuno.

Escoltado por un policía crucé la plaza. El cafetín, el único del pueblo, era el mismo de la noche anterior. El guardián de la ley pidió un pan con salchichón y café con leche. El reo, con una señal, pidió lo propio.

A esas alturas, todos los habitantes de la aldea tenían noticia de mi existencia. Un peruano, aclaraban, modulando la voz. Los niños se agolpaban en las ventanas del local, las viejas cuchicheaban, los curiosos entraban y salían del café mirando de reojo. El patrón, también el mismo de la noche anterior, se acercó a la mesa con el pequeño Larousse en la mano y, esgrimiendo una sonrisa triunfal, me mostró el mapa del Perú. *"Le Perou voilá."* Parte del enigma, al menos, había sido resuelto.

A la salida, todo el pueblo estaba reunido en la plaza. Sus miradas amables y curiosas, me acompañaron hasta que traspuse el umbral de mi prisión. Los gendarmes, por lo demás, andaban de buen humor y hasta me palmeaban. Aunque en la realidad, monda y lironda, yo seguía sin papeles y mi francés era igual que mi arameo.

Hacia el mediodía llegó un agente de Calais, la capital del departamento. No llevaba uniforme y tenía un aire a Jean Gabin. A diferencia de los alegres gendarmes pueblerinos, sus movimientos eran ejecutivos y, sin previas cortesías, me pidió el pasaporte en inglés.

Aliviado, me prodigué en la lengua de Shakespeare, contándole con pelos y señales la historia del *ferry-boat*, mis sueños parisinos, las celebraciones y la maldad de la señora C.

En un principio, el agente guardó una compostura profesional y la dureza debida a un árabe ilegal o un espía. Pero, poco a poco, asomó una sonrisa burlona que, al final, terminó en una escandalosa risotada.

Mis ángeles guardianes, enterados del asunto, no pudieron

evitar a su vez un coro de mandíbulas batientes. Y, a los pocos minutos, la aldea en pleno reventaba de risa con mis tribulaciones.

"*Monsieur*, para probar lo que usted dice es necesario recuperar el vehículo. Como imaginará, la policía no puede andar deteniendo a los automovilistas así no más. La única salida es denunciar a la señora por robo."

En un primer momento mi corazón de caballero andante se resistió a propuesta tan vil. Aunque en cuestión de segundos, mi otro corazón se rindió ante el ingenio francés. Y pusimos en marcha el operativo Madame C. Un éxito completo. La dama del Volkswagen fue atrapada por los aduaneros cuando estaba a punto de embarcarse en el *ferry* de Dover.

Arrepentida del alevoso crimen, había retornado al lugar de los hechos. Pronto se dio cuenta que, como en el bolero, era inútil buscarme en la oscuridad. Y decidió pernoctar en la ciudad de Calais. A la mañana siguiente continuó, sin mucha convicción, sus culpables pesquisas hasta que, descorazonada, trató de cruzar el Canal para volver a casa. Allí cayó en las manos (negras y peludas) de la justicia.

Huelga decir que Madame C., con su adusto gendarme al costado, tuvo un apoteósico recibimiento. Todos los habitantes de la aldea participaron, entre risas y lágrimas, en el final feliz de aquella historia de intriga y de pasión.

Estaban tan entusiasmados, que ninguno reparó en la mirada de odio que el señor y la señora C. intercambiaron a guisa de saludo.

El inspector, Jean Gabin, luego de comprobar mis documentos, me quedó mirando con la cara de quien dice "ahora puede besar a la novia". Los guardias, en verdad conmovidos, nos regalaron una botella de *cognac* para el camino. Y nuestros nombres quedaron en los anales de un maravilloso pueblo cuyo nombre no figura en el mapa.

UN MANUAL DE CARREÑO MILENARIO

El imperio de los sentidos / 1

No bien pagué en la caja, todas las empleadas de la tienda se pusieron en fila. Y con mil venias, sonrientes y agradecidas, me acompañaron hasta la gran puerta. Arigató. Yo devolví, como pude, las sonrisas. Arigató. Más desconcertado que un demonio en la iglesia.

Creí entonces que se trataba de una burla. Mi compra apenas había consistido en una corbata de Taiwán, y en pleno remate de verano. Con los días entendí que la urbanidad es parte de la vida japonesa. O, mejor dicho, es la vida misma.

Así, y para no ser menos, a los pocos días de mi estancia en Japón, me convertí en todo un Sandokán de las sonrisas. Leves y descaradas, a diestra y siniestra. Mismo Gioconda.

Demás está aclarar que, pese a mis esfuerzos, no llegué a dominar ese arte milenario. Había, por ejemplo, una sonrisa que, en cuestión de segundos, se transformaba en hielo. Yo nunca la logré. Una vez que levantaba las comisuras de los labios, ahí los mantenía cual una prolongación idiota de la cara.

Aunque de nada sirvió tanto rigor. Una vez de regreso al amado Perú, la patria se encargó meticulosa de quitarme esa fea costumbre de sonreír.

Amén de las sonrisas en flor, otra manera de la cortesía es la modestia. Un japonés que se ponga en plan de yo mismo soy, está mal visto. Una japonesa, peor.

Claro que es una forma, como todas las formas, convencional. Nada evita que la soberbia, pecado capital, anide en ciertas almas. Pero el ritual existe.

Esto da, con frecuencia, lugar a equívocos. Cosa que experimenté cuando el poeta Mutsumi K. me invitó a comer a su casa. Mutsumi es, lo que se llama, un poeta de estilo occidental. Y pese a mis gentiles protestas en favor de la cocina japonesa, insistió en ofrecerme una lasagna al pesto.

La casa, en las afueras de Tokio, era de construcción tradicional. Me presentó a su esposa y puso un *compact disc* de tarantellas. Al principio, creí que esas euforias mediterráneas no iban con la quieta belleza del jardín de piedras y el tatami. Pero ante el despliegue de las pastas y los chiantis me sentí en armonía.

Mutsumi era, poco japonés, dicharachero. Lo que me dio alas para palmearlo y elogiar las manos de ángel de la cocinera. Él comprensivo, y occidental, me sonrió. Ella, ruborizada, retrocedió dos metros.

Yo insistí en redoblar mis elogios. El poeta se puso serio. Y mientras pedía disculpas, por la torpeza de su esposa, hizo una larga relación de las carencias del plato de lasagna. El parmesano, según él, estaba seco, la pasta ligosa y el romero marchito. La señora asentía casi compungida.

Entonces, cometí el error de comparar, a grandes voces, nuestro almuerzo con otros tantos celebrados en Génova y Florencia. Donde, por supuesto, los italianos quedaban como chancay de a medio.

Mutsumi me clavó los ojos mientras disculpaba, una vez más, la infinita torpeza de su mujer. Y, mostrándome la puerta, me hizo comprender la mía. Fue mi primera, y última lección de modestia.

Cuando se trata de los hijos, la cosa es parecida. Un buen japonés no debe complacerse si alguien los elogia en demasía.

Saldrá al paso, aclarando que, si bien es trabajador, el niño es lerdo y poco ilustrado.

Como individuos practican la humildad obligatoria. Y, sin embargo, con frecuencia he visto manifiestos atisbos de soberbia, cuando hablan del mundo colectivo, principalmente de su centro laboral.

La cortesía, en fin, se extiende a todas las actividades de la vida (y de la muerte). Hay, por lo menos, una docena de fiestas en las que se acostumbra a dar regalos. Aparte de las finezas obligatorias a la vuelta de algún viaje o la visita al templo.

Las personas son tratadas por sus títulos. Y es de mal gusto usar el nombre a secas. En el idioma japonés, según me cuentan, no existen palabras para la injuria.

Es admirable, y hasta conmovedor, que uno de los pueblos más ricos y modernos de la Tierra repose en una trama de densas y exquisitas convenciones.

Y es terrible también. En medio de tanta urbanidad, uno termina por sentirse hecho un mamut en una cajita de cristal.

UN TAZÓN DE TÉ VERDE

El imperio de los sentidos / 2

El restaurante La Granada de Nagoya es una maravilla. Y fue a pedido mío que el amigo Inamura concertó esa cita, entre sushis y sashimis, con una familia de nikkeis, no hace mucho llegada del Perú. A pesar de su destreza con los palitos y el uso del tatami, estaba claro que el elegante restaurante les era tan novedoso como a mí.

La señora Rosa H tenía cara de melocotón. También su hija única Nobuko. Andrés, el yerno, parecía en cambio un Toshiro Mifune con aire de tamal.

Hacía más de dos años que habían dejado una granja de patos en el valle de Chancay. En realidad, no les iba peor que a muchos. Pero creyeron que en el opulento Japón se hallaba el paraíso terrenal.

La veterana trabajaba en una fábrica de envases. El falso Toshiro y Nobuko, en una fundición de cigüeñales. Ambas plantas subsidiarias de Toyota.

Después del espléndido banquete que, dicho sea de paso, pagó el buen Inamura, la familia H insistió en invitarme un tazón de té verde en su casa. Más por cortesía que por placer, emprendimos esa caminata, bajo la lluvia, amontonados bajo un par de paraguas.

Sus aposentos consistían en dos habitaciones diminutas, una ducha instalada en la cocina y un baño, sólo un silo, de estirpe pastoril. Peatones insólitos, en un emporio de la industria automotriz, compartían una vieja bicicleta.

En honor a la verdad, esa modestia no se debía a un mundo de carencias, sino a una espartana voluntad de ahorro. Amén de que la soledad poco invita al jolgorio o al boato.

Rosa parecía adaptarse, mal que bien, a esa nueva vida, no sin quejarse de los fríos inviernos y un viejo reuma. Su japonés, de labriego okinawense, sonaba (según ella) como el de un indio hablando en castellano. Pero se hacía entender. Al fin y al cabo, de niña conversaba en japonés con su madre y su abuelo Hiroshi. Por lo demás, ese paladar estaba presto para el pescado, la sopa de miso, los encurtidos y el arroz grumoso.

Me hizo unas cuantas preguntas sobre el Perú. Creo que sin ninguna convicción. De extrañar, sólo extrañaba a sus sobrinos, la Inca Kola y las telenovelas. Sin embargo, casi todas las noches soñaba que regresaba, llena de joyas y vestidos de seda, al valle de Chancay.

Nobuko, la menos entusiasta con la pascana del tazón de té verde, no abrió la boca en toda la noche. Reía cuando tenía que reír, y cuando no, también. Le dolía la cabeza y, tal vez, el alma. Maldita la nostalgia. Al final, bostezaba como un demonio. Comprendí que era el momento de decir adiós.

Misión imposible. Andrés que, hasta entonces, miraba a Rosa con la cara de quien dice allá tú, tenía otra historia que contar.

Muchacho de barrio, llegó hace apenas tres años a la familia H y al negocio de los patos. Detestaba la vida rural tanto como el suburbio de Nagoya donde había sentado sus reales. Los entusiasmos de su suegra (y el terrible Perú) lo animaron a la aventura japonesa. Así, su partida matrimonial y el pasaporte se volvieron una misma gestión.

A lo largo de esos dos años había hecho sólo un par de amigos. Unos nikkei del Brasil. Con quienes se pasaba, después de la jornada de trabajo, otra jornada interminable entre los vericuetos del *pinball*.

Su manejo del idioma japonés era deplorable. Y parecía haberse resignado al tú Jane, yo Tarzán y unos cuantos modismos laborales. Para colmo de desgracias, salvo alguna fritura, no apreciaba la comida japonesa. Buena parte de su charla giró, nostalgia sibarita, en torno a sendas fuentes de olluquito y caucau.

Con una sonrisa a media caña, recordaba cómo toda su vida fue el japonés del barrio. El ponja, tío. Y él terminó, para bien o para mal, sintiéndose un auténtico samurai. ¿Te imaginas, tío?

Andrés no quiere vivir en el Japón, pero tampoco regresar al Perú. Habita, desvelado, en esa tierra de nadie donde, con frecuencia, yo me siento también. Rosa, a pesar de los sueños, ha decidido dejar que sus cenizas sean honradas con las de sus ancestros. Nobuko es el enigma y la rutina.

LA CANCIÓN DE AKIKO

El imperio de los sentidos / 3

Cuando la vi de lejos, me pareció una niña con la boca pintada. Una vez a mi lado, recuperó su treintona dignidad. "Buenas tardes. Soy Akiko, su intérprete en Tokio." Me extendió una tarjeta y una sonrisa tan amable que, por un momento, creí que era mi cumpleaños.

Yo me apresuré a saludarla y a título seguido, le planté un beso en la mejilla. Un súbito rubor y una mirada me hicieron comprender, en ese instante, que acababa de pecar contra la carne. En el Japón nadie se anda besando así nomás, y menos en la calle.

Muchas otras cosas aprendí con Akiko. Cada vez que, por instinto, le cedía el paso en la vereda, su perturbado rostro anunciaba un choque cultural. Ni qué decir si los enredos se daban en alguna puerta giratoria o en las escaleras.

Y pronto decidí, para su tranquilidad y la mía, caminar cuatro pasos adelante, con la cabeza erguida como un viejo shogún.

Mis anfitriones me habían destinado una limousine con chofer. Akiko insistía en abrirme (y cerrarme) la puerta cada vez. Y aunque no me habitué a tantas gollerías, quién era yo para impedirle esa felicidad.

Con encomiable paciencia japonesa, me explicaba el funcionamiento de los semáforos, los peligros del tráfico a la izquier-

da y las audacias de los camioneros. Entonces yo ponía mi ca-
rita de mongo, apretaba el pestillo y me ceñía, con supremo cuidado, el cinturón de seguridad.

En esos días recorrimos desde los escenarios de *noh* y de
kabuki, hasta los deslumbrantes almacenes electrónicos y los
templos de Buda. Ella conocía antiguos restaurantes de madera,
que no figuraban en ninguna guía de turismo. Era serena
como una ceremonia del té.

Y aunque no creía en la naturaleza divina del mikado su fe
en el sistema era infinita.

En cierta ocasión, un vendedor enumeraba, con oriental
minucia, las bondades de una grabadora digital. Yo, de puro
aburrido, le pregunté a Akiko si el señor no estaría mintiendo.
Ella se puso más pálida que de costumbre, me clavó los ojos y
severa me dijo que no. "Un japonés no miente jamás."

Esa milenaria moral, llamada *bushido*, explica la gran confianza japonesa. Suerte de disciplina y de juego limpio que, en
principio, nadie osa violar.

Por eso, ante los destapes de amantes y sobornos en las
altas esferas políticas, la mayoría reacciona igual que un niño
cuando descubre que Papá Noel no existe.

Entonces los ministros pecadores piden perdón al emperador y se sepultan cubiertos de deshonra. En tiempos, no muy le-
janos, se habrían entregado además al noble harakiri.

Aunque la fe de Akiko era, cómo no, conmovedora, mi espíritu de rata nacional no estaba convencido. Tenía que desenga-
ñarla y sólo esperaba una oportunidad.

Hasta que fuimos al *sumo*. Ese deporte ritual donde dos mons-
truos, de casi 300 kilos, se trenzan en la arena. Las peleas se suceden todo el día, duran apenas un minuto y las caídas son apa-
ratosas. Yo aplaudía a rabiar.

A la salida, ya de noche, nos atrapó una lluvia torrencial. Y
decidimos tomar el metro. En un cambio de estación me metí,

por rutina, la mano en el bolsillo. Mi billetera había desaparecido.

Por la cara de Akiko, me pude imaginar mi propia cara. En la cartera tenía, al fin y al cabo, todo el dinero del planeta. Es decir mis viáticos y unos 3 mil dólares ajenos.

"Me han robado en el estadio", exclamé consternado. "Imposible. Un japonés no roba jamás", fue su respuesta. Sólo atiné a mugir y a esperar que me tragara (o la tragara) la tierra.

Impávida, sin atender mis iras más secretas, se dirigió al teléfono público, después de preguntarme por el color, la forma y el contenido de la billetera. Y luego de unos cuantos *hai*, que culminaron en un sonoro *domo-domo*, nos embarcamos en un taxi rumbo al estadio.

La billetera había sido hallada por un antiguo luchador de *sumo* quien, por supuesto, la llevó de inmediato a la administración.

El empleado que me la entregó, estaba anotando en un recibo la cantidad de dólares y su equivalente en yenes. Sólo quedaba un vacío en el pulcro papel. Ignoraba el valor de ese billete peruano y azul, con la cara de un anciano bigotón. Mi respuesta le arrancó una cierta sonrisa compasiva. Me extendió el recibo y lo firmé feliz como un porcino.

No suelo ser malagracia. Pero a veces me asalta la sospecha de que, en realidad, todo fue una patraña fraguada por Akiko para castigar mi poca fe. En cualquier caso, le estoy agradecido. Por lo demás, queda en deuda mi ofrenda al gran Buda de Nara y a los guardianes del templo de Asakusa.

TOKIO BLUES

El imperio de los sentidos / 4

A Javier Sologuren

En plena Ginza, la avenida más elegante de Tokio, un monumento de bronce con figuras en tamaño natural flanquea la entrada del enorme edificio de una compañía de navegación. El monumento no está dedicado a santo o héroe alguno. Representa a un caballero (supongo) con ropas tradicionales, llevando sobre su espalda a una vieja arrugada y diminuta.

Por la leyenda, en inglés y japonés, me entero que es el señor Ryochi Sasawa, presidente de las Industrias de Fundición Naval. "A los 59 años subió los 785 pasos que conducen a un templo, cargando a su madre de 82 años." Sobre la placa hay también un poema: "Con mi madre en la espalda / trepé la colina para orar / contando los escalones de piedra. / Sintiendo su peso / supe cuánto adoraba a mi madre".

Hay una pregunta que inevitable espera al viajero que viene de las islas. ¿Y qué tal las geishas? Las geishas en cuestión no son, precisamente, lo que muchos imaginan. Suelen ser, más bien, unas rituales damas de compañía, muy cotizadas por los hombres de empresa. Entrenadas durante largos años, llegan a dominar las artes del servicio, el canto clásico y la conversación, bien avanzada ya la cuarentena. Ahí están en su punto. Algunas, según dicen, son duchas en la Bolsa de Valores y expertas consejeras en las lides del comercio ultramarino.

En cambio, los afamados baños públicos, emporio de solaz y de vapores, aunque a menudo son lo que se supone, también a menudo no lo son.

En el planisferio feliz de nuestros atlas escolares, el centro está dado, sin dudas ni murmuraciones, por el meridiano londinense de Greenwich. Por eso desde niños, hijos pobres y anodinos de Occidente, miramos con ansiedad las rutas que nos separan de las antiguas capitales del imperio. Perú en la periferia y, como los baños, al fondo y a la izquierda.

Mientras que el mundo, según los ojos japoneses, se ofrece lisonjero y familiar. Toda la esfera, como en la realidad, la ocupa el Océano Pacífico (que los mapas de Occidente escamotean). El archipiélago del Japón, modestia aparte, ocupa el centro del planeta. Y alrededor, los países ribereños del gran mar. Perú, en primera fila, compartiendo los mismos maremotos y las olas para tabla hawaiana.

En medio de los avisos luminosos de Pierre Cardin, Benetton, Aquascutum y la Tour d'Argent, hay una vieja que vende anticuchos de pulpo en un carrito. Yo estoy solo. Solo entre un millón de alegres caminantes. Sé que *tako* significa pulpo. Sé decir por favor y gracias. Sé pedir dos palos de anticucho con un ágil despliegue de índice y pulgar. Eso es todo. La vieja también me dice gracias.

El gran teatro de *kabuki* tiene el esplendor de una corte de los milagros. En las inmensas antesalas, la gente come en sus cajas de laca. Compra libros, corbatas, carteras, muñecos, pasteles y fruta confitada para llevar a casa después de la función. En la sala, los actores despliegan la seda de sus ropajes y sus brillantes máscaras pintadas en el rostro. La representación empieza en la mañana y acaba con las sombras de la noche.

En el escenario, por arte de magia, el palacio del emperador se convierte en un bosque de pinos a la orilla de un lago, para luego tornarse en una casa de tolerancia alegre y luminosa. La historia, espectacular y complicada, da cabida a príncipes, sirvientes, prostitutas, bandidos, comerciantes, guerreros, sacerdotes, cortesanas, un emperador y unos cuantos espíritus, sin mencionar los figurantes. El público alerta, a grandes voces, al héroe y abuchea a los villanos. Corea el nombre de su actor favorito, interrumpe con aplausos, aúlla y se carcajea cada vez que cree conveniente. La fiesta es la fiesta.

Hace unos cinco años, más o menos, vino al Teatro Municipal una compañía de *kabuki*. La flor y nata de la cultura limeña colmó el viejo teatro. Aún recuerdo el silencio reverente, los pasos de gato en el suelo alfombrado, los carraspeos interruptus. Nadie osaba perder el menor gesto del misterio oriental.

Ahora estoy seguro que, esa noche, el público de Tokio, hubiese sido expulsado del teatro por escandaloso y arrojado a las calles de Lima sin ninguna piedad.

Aunque estamos a fines del verano japonés, la temperatura no baja de los 30 grados. Mis anfitriones, siempre amables, se preocupan por mi bienestar. Es decir, por el frío que debo sentir viniendo, como vengo, de un país tropical. Yo tirito y me pongo azul para caer en gracia.

Los restaurantes acostumbran a exhibir en la vitrina réplicas minuciosas de todos los platos en oferta. El uso es tradicional y nada tiene que ver con el turismo.

Los clientes se toman su tiempo contemplando las realistas versiones de plástico o de cera. Una vez servidos, tienen derecho al reclamo si el plato no se parece al modelo elegido.

Claro que en la comida japonesa, la forma y el color son esenciales. Cada camarón o pedazo de atún está diferenciado del contorno, los granos de arroz valen en sí mismos, los primorosos vegetales conservan su textura original, las salsas van aparte y todo, en general, es impecable, pequeño y ordenado como un jardín de piedras. Quisiera imaginar, en ese caso, la réplica de un ají de gallina o una carapulca o un contundente tacu-tacu.

A diferencia del *kabuki*, propiciado por los mercaderes del siglo XVI, el teatro *noh*, más antiguo, tiene un origen religioso y cortesano. Difícil arte de drama, música y danza. El desnudo escenario tiene un árbol pintado en un panel por todo decorado, una pasarela diagonal completa el pabellón. El protagonista es casi siempre un monje peregrino. El resto del elenco, cuando más, se cuenta con los dedos de la mano. La trama está poblada de almas en pena y espíritus macabros. Y más que el argumento, interesa su representación.

Siempre he oído hablar del *noh* como algo exquisito y aburrido. Igual que algunas salas interminables de los museos. En realidad no fue así. Desde el inicio fui atrapado por el claroscuro, los fúnebres coros, el flautín y el tambor.

Los actores que giran y levitan, pero jamás caminan como humanos, me envolvieron con su danza. Las voces sobrenaturales resonaban en mí. Creo que el *kabuki* se dirige a todo el público, mientras que el *noh* a cada uno en particular. Y fui llevado tan lejos de este mundo que, en un momento, sin noción del tiempo y del espacio, hurgué en mis bolsillos, buscando las llaves de ese Volkswagen rojo que había dejado en Miraflores.

LA POETA MACHI TAWARA
o cómo vender una ensalada en 5 millones
de ejemplares

El imperio de los sentidos / 5

1

Aunque mi curiosidad era más antropológica que literaria, mis amables anfitriones japoneses concertaron una cita formal. A mediodía, en un viejo salón de té del centro de Tokio.

Machi Tawara se había convertido en un ser mitológico desde que me enteré de su existencia, gracias a unas versiones de Fernando Ampuero y Sachiko Imai aparecidas en la revista *Hueso Húmero*.

En honor a la verdad, no era su destreza en la escritura de las *tankas*, o la contenida emoción de sus imágenes, el motivo de mi real fascinación. La aureola de la vate tenía más que ver, ante mis ojos, con las luces que adornan a National Panasonic o Mitsubishi.

El día de la ensalada, su primer poemario publicado a los 26 en el 88, había vendido en menos de un semestre 2 millones 500 mil ejemplares. Cuando la conocí, un par de años después, se acercaba a los 5 millones. Ni Neruda. Era cosa de verla (y de tocarla).

Mi ansiedad galopaba y, como ocurre en esos casos, llegué demasiado temprano al lugar acordado. Decidí matar el tiempo en un museo ubicado a pocos metros del salón de té. Era un museo dedicado a la historia del tabaco y de la sal.

Recorrí sin mayor entusiasmo el minucioso orden de las maquetas de Chichén-Itzá y las salinas de Fumi, las rutas de las naves portuguesas, la larga evolución de pitilleras, cachimbas y frascos de rapé, los mapas adornados con dragones y las cajas de habanos.

No podía imaginar el rostro de la joven poeta, ni sus formas, hasta que llegué a una sala con antiguos afiches publicitarios de tabaco. Salvo unos cuantos pieles rojas y algún samurai, el placer de fumar estaba representado por las damitas más sofisticadas del imperio. Pícaras y sensuales eran, sin duda, el super yo imposible de la sumisa mujer japonesa.

(Esa muchacha que desciende de un Packard, con su traje escotado, el collar de tres vueltas y una esbelta boquilla de marfiles es la exitosa imagen de Machi Tawara que me sonríe desde el bullicio de los años 20.)

3

Salón de té El Abeto. El local tenía la oscuridad de las tazas de laca que, según Tanisaki, sirve para destacar los destellos del té. Así como los rostros de las *geishas* de Gión, en Kioto, son cubiertos con una pasta de arroz para adquirir misterio entre las sombras.

Akiko, mi intérprete, hizo las presentaciones. Machi Tawara inclinó la cabeza con cierta gracia. Parecía demasiado pequeña para tan tremendo esfuerzo. Su blanquísima figura, en medio del salón, algo tenía que ver con la teoría del claroscuro japonés de Tanisaki. Aunque por sus diminutas dimensiones, era más fácil definirla como un grano de arroz en el misterio.

Ajena a todo regodeo o gesto triunfador, sus lánguidas maneras y esos ojos de lirón asustado eran casi una parodia del más clásico recato japonés. Un traje sastre azul marino, mal cortado, era el recuerdo de su antigua rutina de maestra escolar. Oficio que dejó al convertirse en el mayor *best-seller* del planeta.

Luego de los saludos de rigor pretendí, intérprete mediante, iniciar una suerte de diálogo. La señorita Tawara sólo hablaba y pensaba en japonés. De modo que Akiko no se limitaba a traducir mis preguntas, sino que las acompañaba de interminables explicaciones que mi interlocutora, a juzgar por el rostro de perpetua sorpresa, jamás terminaba de entender.

Sus lecturas se reducían a los clásicos japoneses. No tenía la menor idea de la existencia de ningún poeta occidental y el único viaje de su vida fue a la isla de Taiwán. Sus respuestas, cada vez más insípidas, no se correspondían para nada con aquella sonrisa de durazno. Un modesto comentario a los *haikus* de Basho, la cubría con el intenso rubor de quien confiesa, por lo menos, algún pasado de vicio y sodomía.

Apenas si logramos fluidez hablando de cocina. Machi Tawara era, en el fondo, un personaje apto para las grandes tragedias. Ante mi entusiasmo por el pescado crudo, el cebiche peruano y el *sashimi* japonés, tuvo a bien enterarme que un conocido actor de teatro *kabuki* había muerto, el otoño pasado, envenenado por un pez globo crudo en Hiroshima. Mis referencias al *roast beef* inglés le recordaron el naufragio de un transbordador en el Canal de la Mancha. Apuré mi taza de té verde, antes de rodar en el abismo de las necrotoxinas y el colesterol.

Hay que estar en el pellejo (y el espíritu) de un japonés para entender el cataclismo que causó el poemario de la joven prodigio en el archipiélago. La *tanka*, como el *haiku* o la *waka*, son formas cuyas estructuras y temas han permanecido invariables por más de mil años. Igual que la vigencia religiosa del *shinto* panteísta, los jardines de piedra o los ritos del *noh*.

Aunque la poeta ha conservado, hasta cierto punto, el tradicional formato de la *tanka*, sus usos del lenguaje y la absoluta modernidad de los contenidos significaron una revolución. En un principio los letrados puristas pusieron el grito en el cielo, hasta que la reacción entusiasta, primero de los jóvenes y luego de todo el país, convirtió a la modesta profesora en estrella de la radio (Lucy Smith) y la televisión.

Es difícil, sino imposible, para los occidentales, eternos iconoclastas, reconocer la supuesta genialidad de *El día de la ensalada* fuera del idioma japonés. La poeta, según Eli Winters, su traductora inglesa, emplea con frecuencia grupos de caracteres correspondientes a viejos versos del repertorio popular que, levemente alterados en su trazo, adquieren significados del todo diferentes sin dejar, al mismo tiempo, de guardar visuales resonancias con el ideograma original. *"El otoño me espera en el templo"*, conocido comienzo de un poema del siglo XIV, se transforma en *"un amante otoñal me espera en la cocina"*, por ejemplo.

Con lengua que combina los léxicos antiguos y modernos, Tawara celebra las verduras en el supermercado, los partidos de *baseball*, los pequeños amores, la ciudad, los artefactos electrodomésticos, las hamburguesas de Mc Donalds, los paisajes eternos, los iconos de neón. Pero sobre todo, contra el pudor tradicional y obligatorio de la *femme japonaise*, manifiesta sus deseos más íntimos, sus fantasías, su agridulce ironía de existir en el mundo común y mortal.

Un erotismo, evidente o sutil, se bambolea en muchos de los versos de Tawara. Para una muchacha que, según testimonio de Eli Winters, no sabía lo que era un amante, *El día de la ensalada* no es sólo una revuelta literaria, también es un prodigioso esfuerzo de la imaginación. El resto, Shakespeare *dixit*, es mercadeo.

5

Las mutuas cortesías llegaron a su fin en el salón oscuro como un tazón de laca. Diluyendo un bostezo entre la boca, incliné la cabeza en una refinada despedida. El enigma mostró su primera sonrisa sincera. Era de alivio. En la puerta la esperaba una brillante limusina negra. Le noté un cierto aire mundano cuando al alejarse me miró de reojo. Un cierto aire mundano y burlón.

Tres Tankas
de *El día de la ensalada*

*Siento la necesidad de tener
una breve aventura:
esa palmera lisa y flexible,
que te recuerda,
me lo recuerda.*

*Comparto contigo
el primer tomate de la temporada
a la luz del sol.*

Cómo es delgada su piel,
cómo es limpia y perfecta.

Me besas porque piensas
que me estoy alejando.
Es el tercer mes lunar.
El mes en que la luna se deshace
con la luz de un Mc Donalds.

Versiones de Antonio Cisneros

EL CONEJO DE LA MUERTE

A pesar del prestigio ganado por Bugs Bunny (El Conejo de la Suerte), el Hermano Rabito y Tambor, chaperón del buen Bambi, a mí me aterran los conejos.

Por eso, dejé de frecuentar a un amigo antropólogo que tenía la perversa costumbre de albergar en su casa a toda una manada. No en jaulas, para sustento del hombre, sino sueltos en plaza como si fueran sus hijos bien amados.

Completaban la comunidad, un par de monos y un papagayo cojo. Todos en feliz, y dudosa, convivencia. El papagayo era tímido y los monos, humanos al fin, me evitaban. Pero los roedores eran audaces e impertinentes cual infantes mimados.

Cada uno tenía su nombre y saltaban en tropel para mostrar sus gracias. Serafín, saluda a tu tío. Pepito, saca la patita. Y, maldita sea, los conejos se me amontonaban como pulgas en perro callejero.

Abandoné esa casa para siempre. No sin antes dejar, con disimulo, un ramo de perejil bajo el sillón. Mortal veneno para los grandes roedores.

Esa sórdida guerra, en realidad, tuvo su origen en la lejana Europa. Hace más de veinte años. Cuando en Londres, recibí la visita de mi dilecto amigo el pintor Tola, entonces habitante de Madrid.

Parece que los vientos de Inglaterra y el solaz de Hyde Park le sentaron muy bien. Y decidió quedarse alguna temporada. Yo, por mi parte, no conocía España y ya era tiempo de aventurarme en las rutas del sol y del garbanzo.

Trato hecho. El pintor Tola se aposentó en mi hogar, a la vera del Támesis. Mientras que yo me instalé, a los pocos días, en el Barrio de La Concepción, de Madrid.

Llegué de noche y agotado hasta un sétimo piso. Mis pobres huesos encontraron reposo en una suerte de tatami que mi anfitrión tenía a ras del suelo. Y soñé, sin ningún entusiasmo, con floridas manolas y colmaos.

De pronto, a la hora en que nadie recuerda su nombre, un cosquilleo en la cara me despertó desde el fondo feroz de las tinieblas. Abrí los ojos y sus ojos estaban ahí. Rojos y brillantes como el fuego. Cara a cara con el mismo Belcebú.

Pegué un salto más veloz que mi alarido. Hallé a tientas la luz. El maldito y descomunal conejo se bamboleaba insolente a mis pies. Entonces comprendió su grave error: yo no era Tola.

Buscó con disimulo, cual hábil apache, que ocultarse entre los lienzos y caballetes de la pieza. Ágil le cerré el paso con una escoba. Y lo hice rodar hasta un balcón. Un balcón de Madrid con enrejado y plantas de geranio. Cerré la puerta y lo olvidé igual que a la basura debajo de la alfombra.

Luego vinieron mis días en Madrid. Rodeado de serenos, recios vinos y franquistas sin mayor convicción. Y pasó una quincena.

En las vísperas del regreso del pintor Tola, tendí la cama, lavé los platos, puse un ramo de flores en la mesa y ya me aprestaba a liar mis maletas cuando, de golpe y porrazo, recordé al peludo animal. Mierda.

Seguía, desde aquella noche infausta, encerrado a piedra y lodo en el balcón. Pensé en su buen amo y, casi arrepentido, conejito, conejito, abrí la puerta. Conejo, vuélvete. Revolví las macetas de geranio en un afán idiota. Ni un alma.

Pronto me convencí que se había matado, arrojándose desde el sétimo piso. Víctima del hambre, el calor y la soledad. Cómo explicar, a la hora de la hora, su culpa y mi inocencia.

Sin embargo, contra todos mis temores, el pintor Tola pareció no notar la ausencia. Ni siquiera lo nombró. Nos despedimos, más bien alegres, cómplices, con un conejo muerto entre los dos. Sospecho que él también lo odiaba.

Aunque nunca se sabe. No sea que, uno de esos días tenga que vérmelas con el gran vengador del infame conejo español.

CEMENTERIOS: UNA VISITA GUIADA

En este país turulato por la hambruna y el caos, no todas las medidas económicas son ocultos arcanos. La Beneficencia de Lima, por ejemplo, ha sido meridiana.

En encomiable previsión ya dio a conocer, puntual y parca, sus nuevas tarifas. Ahora un triste nicho vale más que una residencia en La Molina. Aunque cabe considerar que, esta vez, se trata de un hogar para siempre.

Un cementerio no es cosa de juego. Creo que el de Highgate, en Londres, ha sido el más fastuoso que conocí en mi vida. Fue en el 67, con motivo de una visita social a la tumba de Marx. Modesta, dicho sea de paso, comparada con los palacetes que la rodeaban.

Familias enteras, hasta la décima generación, en condominios de mármol y granito. Ángeles con trompeta, eslabones de bronce, cruces celtas, verdes colinas, hiedra, arboledas, auténtico musgo inglés. En realidad, era un ambiente más propicio para los vivos que para los muertos. Sin disputas odiosas, por supuesto.

En la alameda principal, se sucedían enormes mausoleos como un canto, de cisne, al Imperio Británico. Reproducciones del Taj Majal, Persépolis, la pirámide de Keops, el palacio de Angkor. Suerte de solemne Disneylandia.

En mi barrio de entonces, sin ser nada del otro mundo, también había cementerios notables. Pequeños y alegres, adminis-trados por alguna parroquia anglicana. Yo le tenía particular aprecio al de Old Bromptom Road que, entre otras cosas, se hallaba a pocos metros de mi hospital favorito, una antigua taberna y la puerta principal del *underground*.

Ahí me encontré, una tarde de verano, con Michael Burt. Profesor de química del Wellington College y viejo aficionado al camposanto. Aunque yo era neófito en estos menesteres, como vecino del lugar podía, según Mike, postular al Club de Amigos de los Cementerios. Invitación que para un solitario, recién llegado, resultó conmovedora.

Meses antes, la revista *Stand* había publicado, en traducción de Nathaniel Tarn, mi poema *El cementerio de Vilcashuamán.* "Only green crosses, blue crosses, yellow crosses…" Fue suficiente para ser admitido, con fiestas, en el Club.

Las actividades de los socios, cada jueves, consistían en lentas caminatas entre las tumbas. Sea para comentar las excelencias arquitectónicas o reírnos, discretos, de ciertos epitafios.

El más leve descubrimiento era comunicado a los demás. Un error ortográfico, algún nuevo inquilino o una lápida comprometedora. La jornada terminaba, casi siempre, en la taberna contigua donde, entre trago y trago, hacíamos una sesuda evaluación.

Al cabo de unos meses, como todo en la vida (y en la muerte), la sociedad llegó a su fin. Los cementerios no daban para tanto. Sin embargo, a pesar de los años, de vez en cuando aún recibo una postal de Mike. La inveterada foto Polaroid de algún curioso túmulo tomada por él mismo.

David Morton, fotógrafo profesional y necrófilo amateur, se consagró, hace poco, con un álbum sobre tumbas eróticas. Sus ojos avispados descubrieron ese aliento carnal que sudan y desbordan las estatuas de mármol. Jóvenes viudas, ninfas, y hasta ángeles, en ligeros atuendos llorando al buen difunto.

Claro que hay otros cementerios que poseen inmenso prestigio. Los franceses, por ejemplo. En los acantilados de Sete, el Cementerio Marino de Paul Valéry. Y en París, cuando no, el nunca bien ponderado Père Lachaise, consagratorio como un Premio Nobel. El de Montrouge, sin ser gran cosa, goza de fama peruana. Allí reposan los restos de Vallejo, amenazados siempre con la repatriación. Son cementerios literarios.

En el viejo Berlín se halla la última morada de los generales prusianos. El Garnisonfriedhof. Hosco, marcial, a media luz. Ignorado en las guías de turismo y al pie de un aeropuerto. Algo que los alemanes ocultan, se diría, con cierta vergüenza.

En las últimas décadas, la dorada California ha impuesto una nueva marca en el mercado. Necrópolis rutilantes, con luz y sonido, y un ambiente exclusivo de campo de golf. De muy dudoso gusto.

En esta Lima mía, aparte de algún recodo en el Presbítero Maestro, los cementerios son feos y anodinos. Una lástima. Igual nos esperan al final de la jornada. Ahora más que nunca.

"MACHU PICCHU" Y "SOUVENIR"

Hace más de diez años conocí, entre los recovecos latino-americanos de la ciudad de Hamburgo, a un muchacho jaujino a quien todos llamaban "Machu Picchu". Era un cholo descomunal como aquel de la foto trucada por el gran Martín Chambi. En invierno o verano se lucía embutido en un vetusto poncho multicolor ("la bandera de los incas", según él) y calzaba una suerte de ojotas marca Bata. Completaba su atuendo con una vincha, tres metros de collares alrededor del cuello y un racimo de llamitas de alpaca bien prendido en el pecho como las medallas de un general soviético.

"Machu Picchu" tenía una sombra o, mejor dicho, un fragmento de sombra. Iba siempre escoltado por otro nacional, chalaco de padres huamanguinos, que era su réplica en todos los detalles, salvo en la vincha que solía cambiar por un vistoso chullo boliviano. Por lo demás, aún empinado no pasaba del metro cincuenta. Y su apodo inevitable era "Souvenir".

"Machu Picchu" imitaba al Jilguero del Huascarán y tocaba, sin mayores talentos, el charango. "Souvenir" estaba a cargo de la segunda voz y llevaba algún ritmo con una heterodoxa pandereta. Y aunque como músicos dejaban mucho que desear, el dúo presidía cada fiesta latina (salsa musik mit empanadas) y por supuesto los actos de solidaridad con Nicaragua que, por entonces, se sucedían casi a diario en las brumas del norte.

Es verdad que los años ochenta eran apenas un pálido reflejo de los tiempos del Che y la guerra de Vietnam. Sin embargo, al debut de la década aún había sitio en los corazoncitos europeos para un poco de palmeras y unos cuantos nevados andinos. Y por alguna germánica razón, a diferencia de los retrecheros habitantes de Londres o París, los hamburgueses guardaban todavía una cierta sonrisa.

"Machu Picchu" y "Souvenir" fueron entonces los tigres de la Malasia. Orondos deambulaban, como Pedro por su casa, entre los altos edificios de ladrillo y las gárgolas doradas de la ciudad hanseática. Pero su coto de caza principal era la estación del metro de Saint Pauli, célebre barrio de putas y grumetes. Allí *El cóndor pasa* hacía mil maromas hasta que, ya sabemos, dejó de pasar.

En sus días de gloria, en unas pocas horas solían reunir hasta 200 marcos contantes y sonantes, y llegaron a ser todo un emblema como la tolerante calle de la Grosse Freiheit o el reloj de la torre en la plaza mayor. Nadie fue tan mimado por los alegres noctámbulos tatuados o las muchachas trabajadoras del lugar.

Conscientes de su misión, frecuentaban además por temporadas los servicios dominicales de una iglesia luterana en un suburbio verde y recatado. Ahí las almas serias, terno de tweed y gorra marinera, daban rienda a sus buenos instintos con generosidad.

Aunque esas canciones de inspiración andina, matizadas con aires de la Parra y los Quilapayún, no eran por cierto la madre del cordero. El verdadero plato fuerte consistía en la gran oratoria con la que "Machu Picchu" conmovía a los oyentes al inicio de cada sesión.

Él era, a no dudarlo, el último descendiente de los incas. En fluido alemán pasaba lista a las deidades y jerarquías que lo precedían, antes de anunciar algún apocalipsis o, según los humores, el tiempo de la felicidad universal. A veces pienso que ese discurso no era tan sólo un ardid de músico ambulante. Sus ojos delataban sin más a un poseído.

Claro que no era lo mismo dirigirse al público de los burdeles que a los feligreses matinales del domingo. Para estos últimos, "Machu Picchu" había desarrollado una retórica religiosa, en donde Pachacútec y Atahualpa hacían una rápida incursión en la biografía de Lutero. "Souvenir" mientras tanto musitaba, a cada pausa de su ciclópeo amigo, algunas letanías en un fingido quechua o runa simi.

En el caso de los movidos habitantes de la noche la técnica era más espectacular y previsible. Unos leves rasqueos de charango eran el fondo para la melopea. Luego desfilaban los paisajes andinos en su trémula voz. A veces también echaba mano al santoral de la guerrilla latinoamericana. Pero la mayoría de las veces se extendía con gestos elocuentes sobre la virilidad de los antiguos peruanos, fruto del consumo de la coca y el manto protector de los huamanis.

Qué será de sus ilustres vidas. Ahora que los sones de América Latina (y América Latina en general) andan de capa caída en las tierras de Europa. Un conocido mío de esos días de Hamburgo, jura que los ha visto no hace mucho en un distrito elegante de la ciudad de Bonn. "Machu Picchu" y "Souvenir", según me cuenta, se dedican a pasear perros de lujo. Por 3 marcos la hora.

UN ENCUENTRO EN ROTTERDAM

Un suelto del *New York Times* nos recuerda que Stephen Spender, mítico poeta inglés de la entreguerra, aún está vivito y coleando. Con sus 84 años a cuestas acaba de meterle juicio a un imberbe escritor norteamericano. Según el poeta, la novela *While England sleeps* (Mientras Inglaterra duerme) de David Leavitt es casi un plagio de la autobiografía que él publicó en 1948. En el libro de Leavitt, y aunque no es nombrado, es fácil·adivinar que el personaje es el propio Spender presentado, para colmos, de manera muy poco decorosa.

Los años treinta. Casi todo el planeta ha sufrido el descalabro del crack del 29. La esperanza pacifista del tratado de Versailles, que puso fin a la Primera Guerra, se halla por los suelos. En los escombros de la democrática República de Weimar habrá de enseñorearse un oscuro y terrible sargento mayor: Adolfo Hitler. El imperio japonés invade la Manchuria y luego todo el norte occidental de China. José Stalin afirma su tiranía en el aún joven país de los soviet (hoy desaparecido). Los gángsters reinan en la Unión norteamericana desde Chicago, su capital. Francisco Franco apresta las catapultas y los carros de asalto contra la república española. El fascismo como una sombra viscosa alza su vuelo —con mayor y menor fortuna— en toda Europa. En Francia, sin embargo, triunfa el izquierdista Frente Popular. La barbarie de las ultraderechas y los demócratas, de todos los pelajes, inician el confrontamiento que culminará en la Segunda Guerra Mundial.

Y en medio de esta crisis social, económica y moral, los años treinta también significan la revolución de los espíritus. Florecen las vanguardias del arte y las ideologías. El surrealismo, el expresionismo, el futurismo y los *ismos* mayores en general. Pablo Picasso, César Vallejo, Sergio Einsenstein, Chirico, Magritte, Neruda, Chaplin, Brecht organizan y desorganizan el mundo una vez más.

La generación de los treintas

Inglaterra también tuvo lo suyo. Es cierto que la isla fue, para variar, casi impermeable a muchas de las propuestas continentales, sobre todo aquellas que tocaban el fondo de la irracionalidad en el arte. Sin embargo, también fue remecida por las tormentas de su tiempo.

El amable monarca Jorge VI y su blanco corcel, el impecable funcionamiento del Parlamento o la tradición simbolizada en las eternas enredaderas de hiedra entre los muros, no podían solucionar la desocupación y la hambruna. Los trabajadores británicos se entregaron a las huelgas masivas. Por otro lado, la desesperación propició tendencias fascistas en algunos sectores minoritarios del pueblo. La vitrina destrozada de algún comerciante judío del East End pudo, a veces, calmar la rabia de los desempleados. Y las calles de Londres y Manchester y Southampton vieron desfilar las bandas de los camisas pardas, brazos y brazaletes en alto, en más ocasiones de las que la memoria inglesa prefiere recordar.

Entonces los poetas que, para asombro de algunos incautos, tienen mucho que ver con la realidad, fueron la principal conciencia vigilante de los intelectuales. Stephen Spender, W. H. Auden, Luis McNeice y C. D. Lewis son nombrados por la historia como la Generación de los Treintas.

Curiosamente (al menos en un reino tan jerarquizado) estos poetas no eran hijos de los puertos o las minas o la encomendería en quiebra: eran hijos de la exclusiva Oxford. Años después, Auden achacaría a esa circunstancia su posterior escepticismo y su vuelta al orden conservador. Pero, evoluciones aparte, fueron en su momento grandes poetas, socialistas, utópicos, activistas y, en algunos casos como Stephen Spender, combatientes (no sólo de manifiestos) en el frente incendiado de la Guerra Civil Española.

Ahí está, pueden verlo

Francamente, creí que estaba muerto. No por los rigores de la edad, pues mucho más gente de la que imaginamos llega con plenitud a los setenta y ocho años. Sino por los rigores de la fama.

(Igual ocurrió con el gran escritor español Azorín durante los comienzos de la década de los sesenta. Se hallaba momificado en tantas antologías, historias, veladas escolares, obras completas, que los estudiantes de literatura de la época lo considerábamos, sin dudas ni murmuraciones, finado para siempre en algún nicho celeste del Parnaso. Y, más bien, el verdadero día que abandonó este mundo, todos fuimos sorprendidos por el cable y la noticia. Cómo ¿no estaba muerto? En realidad, hacía mucho tiempo que habitaba en nuestras memorias, con su fecha de nacimiento y su fecha final, junto a Darío y Unamuno y Machado y todos aquellos grandes calvos o gordos o barbados de principios de siglo, definitivamente antiguos.)

Por eso, cuando vi el nombre de Stephen Spender en la lista de los asistentes al Festival de Poesía de Rotterdam, donde estuve invitado en 1982, pensé que se trataba de un homónimo o algún error. Para mí permanecía en ese mundo de los treintas. Fundador, con Auden, del Club Izquierdista del Libro, enemigo implacable de las turbas protonazis de Mosley, poeta combatiente de la Brigada Internacional en el frente español.

Esa noche llegó al mismo hotel donde me alojaba, El Ganso de Oro. No había truco, nada por delante, nada por detrás: allí estaba, se le podía ver, oír, tocar. Yo quería imaginármelo como en esas fotos viejas, con su facha de estudiante del tiempo de Leguía. Cuello abierto, pullover a rombos, gorra de ladrón (de ladrón inglés, por supuesto), el ancho pantalón arrebujado entre las medias de lana escocesa. Con la mirada aguileña, fijada para siempre en sus treinta y cinco años, entre los debates y recitales del Oxford efervescente de los días terribles del crack, rojo, comunista, tiznado por la pólvora de los campos de batalla de Durango y Teruel.

En honor a la verdad, sus altísima figura, algo encorvada, revelaba sin ningún disimulo sus tres cuartos de siglo trajinados. Los ojos de un azul intenso, el pelo abundante y cano. Vestía un riguroso terno de tweed, corbata a rayas. Bien pudiese haber sido el presidente del Banco de Inglaterra, a no ser por esa mirada profundamente bondadosa, bonachona más bien, y las manos honradas.

España, España

"La cosa fue, hasta cierto punto, muy simple. El Frente Popular estaba en su plenitud en España, los artistas y la gente consciente de entonces nos sentimos profundamente involucrados en esa realidad. No es sólo el asunto histórico de esa guerra civil, donde se jugaba el destino de los hombres libres, ni que España era un terreno de experimentos militares y políticos para el fascismo italiano y el nacional socialismo alemán. La cosa fue para nosotros más vital, más doméstica.

"En Inglaterra, aunque los camisas pardas de Mosley pretendían una alternativa para Gran Bretaña y la desocupación era terrible, aún imperaba el reino de la legalidad, la buena conciencia ciudadana. Para los muchachos inquietos que éramos, era casi como habitar en una casa de muñecas. La resistencia política y cultural que llevábamos a cabo no nos bastaba. Y, al mismo tiempo, nuestras ideas radicales no tenían lugar en la verde Inglaterra.

"Es cierto que la mayor parte de la población británica estaba sentimentalmente con la República española. No por sus proyecciones socialistas, eventualmente comunistas, sino por su legalidad. Eso era muy importante para el inglés promedio. Se trataba de un gobierno democráticamente elegido, amenazado por un aventurero militar, Francisco Franco. Y la aparición de las divisiones de moros mercenarios creó (no sé si por racismo, francamente) aún más resistencias contra la insurrección llamada nacionalista.

"Por eso fue lamentable, grotesca y hasta criminal, la no intervención asumida por el gobierno de Su Majestad. Esa falsa neutralidad le dejó el camino libre a las poderosas fuerzas fascistas. Por ejemplo, Inglaterra comerciaba abiertamente con Portugal, Portugal intervenía abiertamente al lado de Franco, al tiempo que los piquetes laboristas en Londres reclamaban un boicot contra el vino oporto portugués. Era ridículo. No podía permanecer indiferente a nuestro tiempo y me enrolé en la Brigada Internacional."

Un poco de paz

Muere la tarde en el verano prematuro de Rotterdam. El vuelo bajo de las gaviotas nos recuerda que estamos en un puerto. Spender y yo caminamos y caminamos entre esas calles destruidas por la guerra y vueltas a construir con esplendor. Su acento de Oxford es tan de Oxford que parece una caricatura del acento de Oxford. No perdona la hora del té. Aunque, inevitablemente, una vez instalados en algún cafetín, pide su gran cerveza (tibia) a la hora de ese té que jamás le vi beber.

"Esta guerra de Las Malvinas (Falklands, diría Spender) parece un grotesco remedo colonial. Pero, al mismo tiempo, no puedo perder de vista que Argentina es gobernada por una banda de asesinos. La civilización británica fracasó, el imperio nos dejó sumidos en diversas miserias. ¿Por qué no nos habremos contentado con un país chico, habitable y calmo como Holanda?"

Y toda la paz del mundo se posa en los ojos cansados de un viejo inconformista sin convencerme (no él, esa paz).

LAS HISTORIAS DE LA CALLE FULHAM

Para Néstor Gambetta

Fulham Road es la calle principal del barrio de Fulham, al oeste de Londres. Nada la distingue de las otras calles diseñadas por Nash en el siglo pasado. Casonas eduardianas de medio pelo repetidas y repartidas, a su vez, en modestos estudios. Tilos y castaños. Autobuses de dos pisos pintados en rojo bandera (peruana).

No figura en ningún caso de Sherlock Holmes. Jack el Destripador no la honró con crimen alguno. Su gloria local, el equipo de Fulham, se mantiene a duras penas en primera división. Y la única vez que hizo noticia, fue cuando su enardecida hinchada atacó el tren que transportaba a los futbolistas del Manchester United.

Su vecindad con los distritos rutilantes de Kensington y Chelsea, le dio cierto postín en los años 60. Refugio de músicos sin cartel, muchachas con túnicas floreadas y campanita al cuello, estudiantes becados. Su crédito mayor era, tal vez, Guillermo Cabrera Infante, cuya casa era aledaña a Fulham Road.

No puedo decir que fue mi amigo aunque, de vez en cuando, nos llevábamos bien. Escritor de polendas, cubano y exiliado, tenía una manera muy curiosa de mezclar en la charla el vitriolo y la miel. Sabía de memoria el Ulises de Joyce, al tiempo que la lista de amantes que ocupaban el lecho de una señorita de la casa contigua.

Su cara de chancay achinado, de linaje mochica, no se correspondía en absoluto con ese dejo caribeño, propio de Benny Moré o Tres Patines. Era el rey de la cháchara y el juego de palabras, culto y burlón. Y, a la larga, un perfecto amargado. Estaba convencido de que el régimen de Cuba ahogaba a los niños en el río Almendrares y que una buena bomba era la solución para la isla. Siempre terminábamos peleados.

En medio de aquel Londres del jolgorio y la liberación sexual, Cabrera vivía obsesionado con la virginidad de sus hijas. Lector inveterado del marqués de Sade y Anais Nin confinaba, sin embargo, a las niñas, casi adolescentes, a la lectura rigurosa y obligatoria de Corín Tellado, cuyas novelitas hacía traer por toneladas desde España. Él creía que mientras se guiaran por esas reglas (el matrimonio único y final con el príncipe azul) su castidad se hallaba a buen recaudo.

Fumador de puros habaneros era, en apariencia, enemigo feroz de toda bebida espirituosa. El simple tema lo volvía agresivo y descortés. Hasta que una tarde me preguntó, de sopetón, qué podía ser más terrible que un alcohólico. Ante mi perplejidad, él mismo respondió: quien ha dejado de serlo, contra su voluntad. Cabrera era, en el fondo, tristón y solitario.

A falta de monumentos o templos medievales, Fulham se pavoneaba con la taberna Seven Bells, fama entre famas. No sólo por el despliegue maravilloso de cervezas, que iban desde la pálida lager hasta la bitter, roja cual amapola, sino por sus comidas al paso. Pasteles de riñones, hongos saltados, inmensas ostras con olor a mar.

Amén de sus clientes habituales (piedra angular de todo bar inglés), los parroquianos de barrios aledaños podían contarse por docenas.

Fue ahí que conocí a Billy y Sindra. Sudafricanos. Billy era negro y medía dos metros, Sindra medía un metro y medio y era de origen hindú. Con sus historias (y no las estadísticas) me enteré de los milagros y miserias del siniestro apartheid. Se ganaban la vida como sastres remendones y, sospecho, que una de sus contadas alegrías era encontrarse conmigo, y las cervezas, el viernes por la noche.

A lo largo de nuestras charlas inacabables, aprendieron de memoria el nombre de los catorce incas y de los seleccionados del fútbol nacional. Admiraban mi pobrísimo inglés, porque yo lo salpicaba de palabras latinas. Billy contaba una y otra vez, con variantes, sus ritos de iniciación tribal en la tierra Bantú. Sindra (como el padre de Valdelomar) era callado.

En realidad, jamás supe de qué barrio venían y nada hice por averiguarlo. Sólo sé que eran pobres y esperaban ser ricos algún día. De pronto, empezaron las ausencias. Una noche vino Sindra sin Billy. A la siguiente, vino Billy sin Sindra. Y luego, ambos desaparecieron durante varias semanas. Hasta que me enteré, por Fred el cantinero, que se hallaban en la cárcel de Brixton, acusados de un crimen que nadie me pudo precisar.

El único muerto notable de Fulham Road (al menos para mí) fue un estudiante venezolano. No recuerdo su nombre. Tenía apenas un mes en el vecindario y usaba barba. Y si bien él sabía que en el Reino Unido, a diferencia del resto del planeta, el tráfico circula por la izquierda, esa tarde por única (y última) vez lo traicionó su memoria. Fue aplastado por un bus de la 127, rojo como un tomate.

Al venezolano lo había conocido, poco tiempo atrás, en un café español recién inaugurado. Hacia fines de 1967, también abrió sus puertas una gran pizzería y luego, cuatro más. En Fulham, lejos del Soho o Picadilly, esos locales eran señal de cosmopolitismo. Continental style, lo llaman los ingleses. Nada tenía que ver con las tabernas venerables. De postigos siempre cerrados, alfombras gordas, papeles de pared y cortinajes para impedir el paso de la luz y del mundo exterior en general.

Mientras que los emporios mediterráneos lucían, novedosos, sus grandes ventanales y en los días soleados, escasos es verdad, sacaban, cual toque parisino, las mesas a la calle. Salvo entre los estudiantes y los snobs, fueron mal aceptados al principio. Estos últimos años, sin embargo, han proliferado como cosa corriente por toda la ciudad. Eliminando, en muchos casos a las viejas tabernas. Creo que me da pena.

Aunque la razón de mis peregrinajes por el barrio de Fulham era distinta a las ya mencionadas. Una suerte de historia de amor. Todo empezó cuando por la ventana del autobús, el 127, vi en otra ventana de una planta baja, un gigantesco toro de Pucará (que, según tengo entendido, no los fabrican en Pucará). Era vidriado, con rosetas en el lomo y miraba a la calle. De inmediato bajé en el paradero. Regresé un par de cuadras y me puse a mirar.

No cabía la menor duda. Era un toro peruano y ocupaba el centro de la habitación. La inquilina, imposible equivocarme, tendría que ser una bella muchacha, trotamundos, estudiante de literatura, lectora de José María Arguedas y amante del Perú. La ocasión de mi vida.

Tal vez era cuestión de tocar la puerta y presentarme. Soy Antonio y vengo del Perú. O mejor, soy un poeta y vengo del Perú. O, simplemente, tocar la puerta y guardar un silencio misterioso.

Por desgracia, mi timidez no daba para tanto. Y decidí que lo más práctico era dar unas vueltas y esperar el encuentro casual. Fue, en esas circunstancias, que intimé con la taberna Seven Bells.

La cosa es que la bella trotamundos no tenía cuando salir de su casa. O nunca regresó. Yo seguía a la espera, refugiado tras mi quinto porrón de cerveza. Hasta que sonó la campana de las once de la noche, hora en la que todo bar inglés cierra sus puertas. Siempre en guardia, bajo los castaños y las miradas curiosas de los vecinos, fingí otear las estrellas. Una a una se fueron apagando las luces del inmueble. Sólo la del estudio de la planta baja permanecía encendida, proyectando la sombra del toro, a través de los vidrios, contra la vereda.

Durante meses, hice mis rondas repletas de esperanza (y creo que de amor). El toro seguía en su sitio, pero su dulce dueña jamás dio señales de vida. Como las cortinas cambiaban de lugar y las luces aparecían y desaparecían, pude deducir que el departamento estaba habitado. Por la gran puerta, que servía a todos los estudios, circulaba animosa la gente más diversa. Pero ninguna, claro está, tenía el aire de la muchacha que esperaba con tanta ansiedad.

Yo no pedía mucho. Apenas la oportunidad de presentarme. Total, en esos tiempos, antes de su desgracia definitiva, los latinoamericanos tenían muchos recursos. Desde la modalidad del guerrillero en exilio hasta la del terrateniente expropiado. A elegir. Sin olvidar, por supuesto, *El cóndor pasa*, el Che, la quena, Machu Picchu, el poncho, la guerra de Vietnam.

Durante el resto de mis años londinenses, muchas aguas pasaron bajo el puente de Fulham. El cadáver del peatón distraído fue repatriado a Caracas, Billy y Sindra siguieron en prisión, Cabrera Infante se internó en un nosocomio y yo cambié de bar.

En 1985, veinte años después, la última vez que volví a Londres, me acerqué en pos de mis fantasmas a la casa del toro. Y ahí seguía —aunque usted no lo crea— bello y solemne en medio de la sala. Solitario siempre. A pesar de su aspecto elegante y lustroso, había envejecido tanto como yo. Y un poco más.

NIÑOS Y PERROS
EN INNSBRUCKER STRASSE

Los inmuebles con muchos departamentos suelen ser de maravilla. Al principio, los vecinos son apenas una serie de pasos furtivos, voces lejanas, sombras. Hasta que se realiza el primer encuentro. Casi siempre al caer de la tarde y en el ascensor.

El ascensor de mi casa, en Berlín, era un Otis de 1909. Había resistido las dos guerras y el rencor de los años. Una jaula de lujo gigantesca, con metales y maderas barnizadas. Tenía un par de asientos plegadizos, forrados en buen cuero. Era lento y solemne.

Repleto de advertencias repujadas en bronce. Siendo la más notable aquella que prohibía a los usuarios el ingreso de espaldas.

Los primeros inquilinos que encontré (en el atardecer y en el ascensor) fueron una señora delgada y amarilla, trajeada como *punk*, y un hombre muy pequeño, barbado y calvo cual científico antiguo. Amables y cuarentones. No podían ocultar esa vieja estirpe de los hippies del 60. Tampoco su inevitable prosperidad.

Comedores de soya, arroz entero, miel de abeja, zapallito italiano, trigo integral. Enemigos (sin mayores aspavientos) del sistema. Las lunas de su Mercedes Benz, siempre llenas de polvo y consignas contra la guerra nuclear.

Al paso de los días me topé con más y más vecinos. Con frecuencia en la jaula del ascensor y, algunas veces, en un cubículo donde se hallaban instalados los buzones de la correspondencia.

Este era un lugar pequeño y mal iluminado donde, como urinario en cantina de Lima, sólo cabía una persona a la vez. Se prestaba a toda clase de suspicacias.

En cualquier caso, ese primer encuentro o topetazo siempre ponía a prueba la capacidad de sorpresa del pueblo alemán.

Los más, esbozaban una sonrisa tímida acompañada de un *hallo* o *gutentag*. Unos pocos fingían no haberme visto. Lo que en el ascensor era imposible y en el cubículo más todavía. De modo que se veían obligados a lanzar una mirada de socialista albanés (esa de las revistas de propaganda) donde los ojos no ven lo que ven, sino más allá, siempre a través, hacia el futuro.

Dichos encuentros eran una excelente ocasión para armar, ora titubeante, ora veloz, el rompecabezas de mi curiosidad. El mapa astral de las familias, las edades y los pesos de las tribus que poblaban el inmueble. Así fueron tomando formas humanas (en principio) esas antiguas voces o el chirriar de las puertas.

Al comienzo me preocupaba por establecer (como el poeta Baudelaire) las correspondencias. Sufrí más de una seria decepción. Recuerdo, todavía, cuando descubrí que esa voz sensual y pastosa de Marlene Dietrich, en el tercer piso, pertenecía a una dama insignificante, aunque bondadosa, que había sido siete veces abuela.

A menudo imaginaba romances, turbios y apasionados, entre vecinos que ni se conocían. A menudo, también, pasaba lo contrario. Poniendo, claro está, en peligro mi naciente, y precaria, estabilidad entre las jerarquías del inmueble.

Cuarenta y tantos años era el promedio entre los vecinos de Innsbrucker Strasse. Sin embargo, sus saludables hijos apenas si llegaban, los mayores, a las cinco primaveras.

Esos niños, más o menos tardíos, eran frutos de las ideologías en boga durante la rebelde y colorida década de los 60. Cuando muchachos y muchachas decidieron hacer el amor y no la guerra. Compartir muy orondos el lecho, sin traer nuevos seres a este mundo cruel. Tiempos del troncho, las revueltas y la música hindú.

Dos décadas después, por razones todavía misteriosas, todos de golpe decidieron poblar nuestro planeta. Y los niños brotaron como flores silvestres ante el amor benévolo, ya blando y regordete, de aquellos que otrora desconfiaron de cualquiera que pasase los treinta años.

Así los niños empezaron a ocupar, poco a poco, el espacio de los perros en los departamentos, hasta erigirse en monarcas indiscutibles del reino familiar.

Pero los berlineses son volubles. Hace un buen tiempo, se les metió que a los niños había que dejarlos sueltos. Como a los animalitos y las plantas. Fueron días de las comunas alternativas y las huertas caseras.

De pronto, en el último par de años, apareció una nueva consigna. A los hijos había que protegerlos con frenesí. Besarlos, apachurrarlos, mordisquearlos. Lo ideal era mantenerlos en contacto con la piel, y los pelos, de sus padres todo el tiempo posible. Calor humano que le dicen.

Cosa prodigiosa, era bien recuerdo, conversar con Rolf, amigo de la vecindad. Mientras sostenía el vaso de (por ejemplo) cerveza con una mano, con la otra estimulaba las maromas de su hijo que, entusiasta, solía enredarse entre los pliegues del cuello paterno, más ágil que una culebra de mercader ambulante.

Al mismo tiempo, y con frecuencia, interrumpía la charla para frotar la sonrosada piel del infante contra su barba rubia y erizada.

La conversación, habitualmente, llegaba a su fin cuando Rolf se disponía a rampar entre la alfombra, ante los ojos aburridos del delfín.

Por lo demás, la costumbre de cambiar los pañales en plena discusión política, o a la hora del piqueo, era historia corriente.

Cuando estaban juntos en casa, los niños se la pasaban colgados de sus progenitores. Al aire libre, la cosa era distinta pero igual.

Inspirados en las campesinas de Asia, África y América Latina (que unidas jamás serán vencidas), se habían provisto de bolsas y colgajos multicolores, con el fin de acarrear a sus vástagos por calles y plazas, a sol y a sombra. Naturales a todo dar.

Sin embargo, y a pesar de los niños, los perros mantenían su importancia. En Berlín (como en Londres los gatos) son el totémico pilar de la existencia humana.

En realidad, el Muro, la gran avenida de Kurfürstendamm, el cuartel de ocupación de los Aliados, parecen sólo puntos de referencia, candilejas para el paso reposado de los canes.

No hay ciudadano que no posea su perro (y viceversa). Ni vía peatonal o bucólico sendero de los parques que no exhiba, casi orgulloso, el vil producto de sus necesidades bien alimentadas. Son intocables, como las vacas en la India, pero mucho más robustos.

El ilustre burgués luce apacible con su boxer lustroso, tan burgués como él. La muchacha sinuosa y deslumbrante juega bien con su galgo español. La menos favorecida luce graciosa con su perro salchicha. Los mozos matonescos, de cuero remachado y pelo al rape, se acompañan con doberman nerviosos. Las ancianitas dulces pasean sus chihuahuas. La muchacha *punk* se adorna con canes de pelo indefinible y las orejas mochas.

Aunque en verdad, muy otro era el cantar de mis perros vecinos. Sus ladridos, casi murmullos, entre los pisos prusianos y el gran patio trasero del inmueble fueron, desde la hora crepuscular de mi llegada, una amenaza vaga e impalpable. Los guerreros apaches, ocultos y dispersos en el desfiladero.

El cerco se estrechaba todos los días. En cualquier rellano de las interminables escaleras me esperaba la muerte. Y esas puertas adornadas con manitas de bronce y palomas de la paz eran, sin duda, antesalas de jaurías feroces listas para el degüello. Me habían olfateado.

Hasta que vino, indeseable y fatal, ese primer encuentro. Fue en las sombras finales de la tarde y, por supuesto, en pleno ascensor. Casi muero de espanto ante la hórrida testa del pastor alemán. Sus ojos de poseso, sus colmillos, su gaznate marrón. Me sentí como un buzo sin aire, en el fondo del mar.

Preso de terror, no había reparado en que el animal tenía compañía. Un viejito con terno, chaleco y clavel en la solapa, que miraba conmovido mi patética reacción.

Yo por no ofender, pretendí una sonrisa matinal. Imposible. Mi artificial intento terminó en algo tan oscuro como una pregunta (o respuesta) metafísica.

El viejito (que, luego supe, era políglota y judío) comprendió todo. Y con una mirada, de maestro rural o misionero, me dio a entender que la bestia en cuestión era, apenas, un perro.

Al tiempo que me disculpaba ante el pastor alemán. Explicándole, sin mayores detalles, que yo venía de muy lejos, de los Andes y los mares azules del Sur.

Ya después, con el tiempo y las aguas, acabé por entender que los perros de Berlín no ladran, ni muerden, ni miran, ni huelen a los transeúntes. Evitan, en general, aquello que los diferencie demasiado de las piedras o las flores del jardín.

Era cosa de ver esas siluetas, inmóviles y mudas, en las noches doradas del verano. Noches en que mis hijas, tan lejanas entonces, volvían a mi memoria, más viejas y más bellas que todos los infantes (y los perros) de la calle de Innsbruck.

EL ÚLTIMO DINOSAURIO

Ésta no es una crónica de fumador gozoso, ni siquiera la de un suicida audaz. Es apenas el reclamo de un animal acorralado, repleto de culpas, achaques y temor.

Todo empezó hace ya varios años. De la noche a la mañana, las cajetillas de cigarros aparecieron con una frase críptica, moderna y, en definitiva. norteamericana: "Fumar puede ser dañino para la salud". Traducción banal, sin ciencia ni conciencia. Algo tan simple como *la chispa de la vida* o la etiqueta de *made in Peru*. Pura novelería.

Novelería que, sin embargo, pronto cedió paso al terror. No me di cuenta ni cuándo ni cómo. La cosa es que la televisión se llenó de médicos locuaces. Los mismos que, hasta hacía unas semanas, tenían como temas exclusivos la lactancia materna y la masturbación infantil. En un cambio de giro, sabios de golpe, se dedicaron a desprestigiar a los, entonces todavía, numerosos y mansos fumadores.

Después vino el aluvión. Periodistas bien informados (cosa rara) escribían sobre las nefastas consecuencias del vicio. Los sicoanalistas descubrieron que el modesto pitillo era, suave primero, la prolongación del dedo infantil y luego, a lo bestia, nada menos que el falo deseado.

A esas alturas, los más débiles habían cedido a la propaganda. "No fumo, hermano, gracias." Aunque a los pocos minutos, filibusteros de salón, se entregaban, impávidos, a saquear las preciosas cajetillas del fumador de ley. "Es que no compro, para no fumar."

Ni qué decir de los médicos hipócritas, ocultando sus dedos amarillos en el blanco mandil. O de los virtuosos (antiguos gansos del aula escolar) que no podían entender cómo esa yerba seca, envuelta en un papel, nos dominaba. Fue el comienzo de la era de los mutantes.

Y las cosas pasaron a mayores. Con la colaboración, sospecho, del imperialismo, irrumpió una vasta folletería con fotos a colores y papel couché. Ya nada era sagrado. Los pulmones expuestos en toda su repelente intimidad. Las tráqueas y los esófagos como alacranes muertos. Imágenes micrométricas de los bronquios devorados por el cáncer. A comparar. La foto superior de la derecha nos muestra la faringe de un individuo sano. El manchón purulento de la izquierda, la faringe de un triste fumador.

Desde entonces, ya no me fue posible sufrir con dignidad un ardor de garganta, sin vislumbrar la mano de la Parca agazapada. Al tiempo que los gases se tornaban en síntoma inequívoco de infarto. Y una tos matutina, claro está, en cáncer terminal.

Las estadísticas vinieron a complicar las cosas. Al principio, para qué, eran divertidas. Enterarse, por ejemplo, que de cada 327 fumadores y medio, 4.2 tenían enfisema pulmonar. Pero luego, con el reino de las computadoras, se volvieron pedantes y agresivas. *Vox machinae, vox Dei*. No cabía la menor discusión.

Así, en definitiva, por cada cigarrillo había que contar 3 minutos menos de vida. Por 30 diarios, hora y media. Lo que al año daba, con rigor, 547 horas y media. O sea, 22.8 días. En un par de décadas 456 días. Vale decir, un año y una pizca.

Gracias a la tecnología, el fumador atento podía, como el Fausto de Goethe, adelantar o retrasar su fin. El viejo sueño romántico hecho realidad. No libre, por supuesto, de terrores. Como descubrir que seguía viviendo, ya vencida la fecha, dos semanas después.

Fue en 1978 que senté mis reales, por un semestre, en la dorada California. Nada menos que en Berkeley. Verdes colinas, pinares y (como en Arequipa) eterno cielo azul.

La universidad tenía en su viejo blasón, algo descolorido para entonces, la gloria de haber sido cuna de las revueltas libertarias de los años 60. Aunque, cuando la conocí, no era otra cosa que un cuartel general de salud pública. Inventores del jogging, los aerobics, la comida macrobiótica, me hicieron pronto comprender que mi presencia era, poco menos, que una amenaza mortal.

Ahí me sentí un apestado. Un pobre diablo sin futuro ni refugio. A lo largo de la Telegraph Avenue, la calle principal de la ciudad, no había restaurante o cafetín que aceptara fumadores. Ni hablar de los cines, galerías, teatros, salas de conferencia, comercios, circos, museos. Al margen de la cultura y el placer, terminé frecuentando, con mi cigarro a cuestas, los antros reservados a los negros sin plata, los chicanos y los chilenos del exilio.

Las estadísticas norteamericanas afirman que, hoy en día, la población masculina, blanca, educada, con más de 30 mil dólares anuales ha dejado de fumar. Manteniéndose el hábito, solaz y consuelo, entre las minorías, los pobres, los caídos y un número creciente de muchachitas estudiantes y blancas.

El otoño de Berkeley era hermoso. Y fue en otoño cuando di mi lectura de poemas, ante un gran auditorio, en la universidad. Con micro, traducción y vaso de agua. Pero sin cenicero. Verso va, verso viene. Haciendo esfuerzos indecibles por parecer blanco, educado y dueño de un ingreso superior a los 30 mil. Hasta que no pude aguantar más. Con gesto de poeta, y en veloz movimiento, encendí el cigarrillo que había permanecido oculto como una cucaracha. My God. Un súbito rumor de cataclismo y los ojos de espanto, es todo cuanto puedo recordar. En un instante la sala quedó casi vacía. Y seguí mi lectura, en medio de volutas deleitosas, para un par de malsanos y un amigo, Pepe Durán, que hace tiempo solía fumar.

(Años después, sufrí una estampida similar en Rotterdam. Fue a la mitad del poema que habla de una ballena. Algún malvado, sospecho que peruano, había corrido la voz entre los ecologistas holandeses, o sea todos, que yo era un enemigo de los cetáceos y de los osos panda por añadidura.)

Vuelta al otoño de Berkeley. A la salida, abandonado por el público y presto ya a dejar California, tintineando mi campana de leproso, me topé con un ser celestial. Había apreciado mis poemas. Me invitó un cigarrillo, prendió el suyo. Odiaba el arroz entero, las verduras, el trigo integral. Y nos fuimos, felices a una cantina.

Su nombre era Florence. Poseía todas las condiciones de la estadística. Mujer, raza negra, menor de veinticinco años. Y algunas no previstas: doctora en biología y propietaria de un flamante Mercedes Benz.

Aunque, si consideramos los últimos cinco años, esas tribulaciones de fumador pertenecen a una historia antigua. Hace poco, leí que un modesto periodista cuarentón fue muerto, con su pucho en la boca, por una banda de matones, en Fresno, California. Los asesinos, armados de manoplas y barretas, detestaban el humo y todos compartían la virtud de no fumar.

Los hallazgos de la ciencia, casi siempre inoportunos, han logrado convertir las estadísticas, al fin y al cabo abstractas, en muertes cotidianas. Para colmo de males, las últimas investigaciones nos demuestran que la adicción no es, siquiera, el síntoma de alguna carencia sicológica. Es un mal en sí mismo, como una pierna rota o un tumor en el páncreas. Nada tiene que ver la voluntad.

Verdad es que los pobres fumadores se defienden como pueden. Canto inútil del cisne. En Oregón y California, apenas si reclaman un lugar bajo el sol. El gobierno francés (*vive la difference*) ha desplegado, en los últimos meses, una intensa campaña pidiendo tolerancia para los fumadores. En Nueva York, en medio del alud de botones poblados con monsergas ("Apártate, fumador." "Yo no soy fumador y soy feliz", etcétera), un grupo de la resistencia luce, heroico, en sus solapas unos que dicen, simplemente, "Váyase a la mierda".

Soy miembro de una especie en vías de extinción. Rodeado por inmensas avenidas sin fumador alguno. Ni a quién pedir un fósforo. Los perros nos evitan, los niños nos escupen. Hasta en Lima, insalubre y pobretona, me siento con frecuencia el último de los dinosaurios.

ESPAÑA 82 EN AMSTERDAM

Todo ha sido consumado. Después de la goleada en manos (y pies) de los polacos no hay perro que nos ladre. Al Perú en pleno, con sus camisetas y gorros y banderas y pitos y matracas, lo han sentado a la mala, de trasero. Nada que hacer.

Aquel infausto día me halló en Amsterdam. Aparentemente, los mil canales de la ciudad seguían girando entre las calles como hace cinco siglos. La muchachada punk (con sus mechones de pelo verdes y morados, su argolla en la nariz) se entregaba a una nueva jornada rutinaria. Los Mercedes, las bicicletas, los tranvías viajaban sin apuro bajo la niebla caliente del verano holandés. Ninguna señal sobre los cielos, ninguna trompeta que anunciara nuestro juicio final.

Mi viejo amigo el compositor de ópera Peter Schat, me había invitado a almorzar al mejor restaurante indonesio de la ciudad (donde hay muchos). Antiguo dirigente de los provos —anarquistas brillantes de los años 60— recordaba, matándose de risa, el último proceso que le hicieron por haber insultado a la reina (2,000 florines de multa). Luego pasó a explicarme los tejes y manejes de la socialdemocracia y la democracia cristiana, las alternativas de los pacifistas, los ecologistas, los homosexuales, los monárquicos, los comunistas y los usos de un curioso ministro —cuyo nombre no recuerdo— que al parecer resumía las mañas del ministro Ulloa y el florido verbo del presidente Belaunde.

Hablamos de nuestras vidas, y nuestras muertes, durante esos catorce años que volaron desde mi última visita a Amsterdam. Desfilaban, también, los anticuchos con salsa de maní, las carnes picantes y laqueadas, el arroz con azafrán (el comienzo del fin de mi úlcera) en la espléndida mesa. Pero, franco, ni el afectuoso reencuentro ni las glorias o tragedias del reino de Holanda, tenían ese aire de definitiva realidad que ostentaba un reloj en la pared del restaurante: un cuarto para la hora de la verdad, el encuentro de la rojiblanca con Polonia.

Me despedí veloz y quedé en verlo al día siguiente (al día siguiente ya no tendría rostro) y me instalé en un cafetín a tres puertas del lugar. En el televisor se oía el Somos Libres mientras las letras amarillas en la pantalla daban los nombres que habrían de pasar, mínimo, a la historia. Una cervecita.

El ambiente, para qué, no era demasiado entusiasta. Con Holanda eliminada del mundial, los parroquianos mantenían apenas una sobria curiosidad. Cosa que no podía soportar. Arriba los corazones. Mi labor de proselitismo empezó con una banda de estudiantes africanos que cometieron la delicadeza, y el error, de preguntarme quiénes eran esos equipos. Fue la mía. Nada quedó de lado en el didáctico discurso, desde los *campeones morales* de Berlín, en el 36, hasta los compadres don Willy y Valeriano. Poco a poco fuimos rodeados por las muchachas y los muchachos holandeses. Y pronto unos caballeros colorados, que bebían ginebra en la barra, reforzaron las tribunas. Todo el cafetín vivaba al Perú, lanzaba maquinitas, aplaudía las jugadas de los nuestros cuando se producían y cuando no también, por lo que pudo haber sido y no fue. Reclamamos una docena de penales. El árbitro, claro está, era un demente. Rossi, Zico y Maradona juntos eran un chancay de a medio junto a cualquiera de las águilas peruanas. Obvio, objetivo, todos lo estábamos viendo.

Después de refrescarnos en el intermedio, hicimos nuestro ingreso al verde gramado con la certeza suprema de la victoria final. Los Países Bajos y el Perú unidos jamás serán vencidos. Hasta que vino el primer gol de los polacos, baldazo de agua helada. No, qué ocurrencia. Y tuve que explicar un par de cosas que mis buenos compañeros ignoraban. ¿No han oído de la (siempre proverbial) picardía peruana? Y vino el segundo gol de los polacos. Entonces hubo que echar mano a la memoria ¿Y con Bulgaria en México? Íbamos perdiendo 2 a 0. ¿Y con Escocia en Argentina? Pero el cadáver, ay, siguió muriendo.

Y vino el tercer gol y el cuarto. Y la hinchada se dedicó a hablar en holandés y a mirar de reojo la pantalla. A mí ni me miraban. Y vino el quinto gol. Les había arruinado la jornada (y parte de sus vidas). El cafetín se había tornado gris y siniestro, sin una puerta falsa por dónde escapar.

Cuando La Rosa convirtió el único gol peruano, levanté la cabeza levemente. Ya tenía la frase preparada en el más correcto inglés: todo se ha perdido menos el honor. Pero las paredes —pese a algún adagio— no tienen oídos. Todos me habían abandonado. La repetí, palabra por palabra, para mí mismo con un acento más perfecto cada vez. Afuera llovía. Al primer taxista que encontré, le solté la frase. Me miró como a un pobre loco y me dijo que estaba ocupado (en holandés).

DOS CRÓNICAS CUBANAS

1
La Perla del Caribe

Cuba es, sin duda, una de las islas más bellas del mundo. Así la vio Colón. Esa es su gracia y su desgracia. Monoproductora de caña de azúcar, su otra fuente importante de riqueza fue, durante décadas y hasta la revolución, el turismo norteamericano.

Hemingway sentó sus reales entre las palmeras de un suburbio habanero y se entregó, con frenesí, al trago, la escritura y la pesca mayor. Las parejas en luna de miel, los jubilados, los magnates, los aventureros de todo pelaje, se habituaron a seguir el camino del sol, a través de Cayo Hueso, sin tener una idea muy clara de dónde terminaban los lindes de Miami y dónde empezaba el otro país.

También los gángsters hicieron de La Habana su santuario. Pronto dominaron los negocios que, como sombra casi inevitable, acompañan al gran turismo: el juego, el tráfico de drogas, la prostitución. Los hoteles de la isla, aún impresionantes, dan testimonio de aquellos años turbios y sabrosos.

Al poco tiempo del triunfo, y como medida principal, los entonces gloriosos barbudos nacionalizaron los hoteles norteamericanos y los pomposos clubes exclusivos. La revolución se hacía, entre otras cosas, para no ser "el burdel de los Estados Unidos".

Una vez sentada la dignidad, de la que no sólo vive el hombre, había que reemplazar los cuantiosos ingresos perdidos. Con el Che en el Ministerio de Industrias se iniciaron los pasos del gran sueño industrial. Y los sueños, sueños son. En una isla tropical, sin petróleo ni caídas de agua, era poco probable que las cosas llegaran a buen fin.

Así y todo, la exportación de frutas enlatadas y la tecnología médica de punta son hoy día un saldo a su favor. En el camino quedaron los quesos Camembert, el microclima artificial para las fresas y muchas otras fantasías. Bloqueados por los yanquis y con un petrolero ruso cada dos días en la rada de La Habana han sorteado, mal que bien, a lo largo de estos años, su difícil oficio de existir.

Los cambios en Europa Oriental anuncian, qué duda cabe, duros vientos para la economía cubana. En los días pasados escaseó el pan, porque no ha llegado el trigo soviético prometido. Y ahorran, más que nunca, la energía, en espera del cataclismo que vendrá.

Treinta años después, pese al racionamiento y a la terrible austeridad, Cuba regresa al principio. El país vuelve los ojos, casi en exclusiva, al recurso inevitable del turismo. La Perla del Caribe una vez más.

Junto a los clásicos hoteles de los tiempos norteamericanos, surgen a todo trapo nuevos hoteles de lujo. Financiados por España, Alemania Federal, Italia y Japón. Es el dinero fresco más importante de la isla. Aunque las condiciones de inversión son, por decir lo menos bastante curiosas. A diferencia de Hungría y Checoslovaquia, de larga tradición en tratos hoteleros con los grandes consorcios capitalistas, Cuba pide poco. O no puede pedir más.

En este caso, a diferencia de los acuerdos europeos, las obras en construcción no serán revertidas al país. Una suerte de pequeños Guantánamos, luminosos y voluntarios, florecen a la orilla del mar. Son faros, en realidad, para atraer divisas y, al mismo tiempo, fuentes de trabajo local. La necesidad, como dicen, tiene cara de hereje.

Según la *vox populi* isleña, los empresarios a cargo de la contraparte cubana poco tienen que ver con el internacionalismo proletario. Organizados en sociedades mercantiles, casi secretas, llevan la vida rutilante y veloz que uno imagina en todo ejecutivo. Lejos del leninismo de Fidel o de la *perestroika*, se manejan con leyes de excepción. La más dura, por cierto, el derecho a cesar trabajadores sin previo aviso.

Cierto es que desde hace dos décadas, a pesar del bloqueo y otras hierbas, Cuba recibe un flujo de turismo nada despreciable. Canadienses y europeos en su gran mayoría. Maestros, empleados, estudiantes (viaje ahora y pague después) en busca del bronce caribeño y el conocimiento de la realidad. Realidad que, como la del resto de América Latina, ha dejado de encandilar al primer mundo en estos tristes tiempos.

Las perspectivas, esta vez, parecen diferentes. La infraestructura proyectada, a mediano plazo, es para recibir no menos de dos millones de viajeros. Que, en buena medida, las propias cadenas hoteleras proporcionarán. Ahora los servicios, en intención al menos, le guiñan también el ojo al gran turismo. La flamante *Marina Hemingway*, por ejemplo, puede recibir 200 yates de buen calado. Y ofrece aparte bungalows, restaurantes exclusivos y, sobre todo, un expeditivo trámite de visas.

Hay además ofertas de cotos de caza y pesca mayor. En los hoteles revelan rollos a color en tan sólo una hora. Y en los supermercados duty-free se hallan todas las marcas de wiskis y cigarros, salchichas holandesas, aspirinas efervescentes, turrones españoles y chicle globo. Divisas es el juego. Inclusive hay un circuito de cable, el *Canal del Sol*, exclusivo para los hoteles. Con buenas películas norteamericanas, documentales turísticos y, por supuesto, mucha publicidad. Desde vinos franceses descorchados bajo la luna tropical, hasta visitas guiadas a las ceremonias (en un tiempo proscritas) de la santería yoruba ("Meet the real cuban voodoo").

En aras del turismo hay un país al margen del país de los cubanos. Esos obreros que trabajan, a ritmo de salsa, en la construcción del nuevo *Hotel Meliá* podrían preguntar, como el obrero del poema de Brecht, "¿en qué casa vivían los que construyeron Lima la Dorada?"

Todo el poder al turismo. La mayor parte de servicios, aceptables como tales, están dolarizados. No sólo los hoteles de primera, paraíso prohibido al común de los mortales, también la mayoría de restaurantes y bares de alguna discreta calidad.

En estos santuarios de aureola cosmopolita, uno de los tratos más fluidos entre nativos y foráneos es la prostitución. El sistema de mundos separados ha hecho crecer como la espuma el oficio de las alegres muchachas de la noche (y también de los muchachos, aunque menos) par solaz de turistas y hombres de negocios. Como la Cenicienta al revés, a partir de la medianoche empiezan a merodear los vestíbulos y los bares de los grandes hoteles, el fruto prohibido. Todo bajo la atenta mirada de sus tutores, con frecuencia algún músico del cabaret o el propio administrador. Y, por supuesto, con la cómplice benevolencia de los guardias de seguridad.

Un intelectual de postín, amigo mío, lamentaba no poder reunirse con extranjeros en un buen restaurant. "Ni yo puedo invitarlos, ni puedo acompañarlos." En rigor, el gobierno ha establecido una suerte de *apartheid*. Cubanos aquí, extranjeros allá. Una tardía reminiscencia de los chinos y sus xenofóbicos *Hoteles de la Amistad.*

En la Rampa, avenida central de El Vedado, el dólar (oficialmente a 90 céntimos de peso) puede cambiarse, con escaso recato, por nueve pesos. Pero, en realidad, es un mercado negro que tiene poco sentido. Toda la oferta para extranjeros (es decir, el grueso de la oferta de la isla) se hace contra el verde papel. Y los cubanos, por su parte, están prohibidos de poseer divisas.

Lo peor del caso, es que para los locales no existe casi nada. Inacabables colas a la espera de una pobre pizza dos horas después. Cafeterías arruinadas que apenas ofrecen, perogrullo, café. Pollerías destartaladas y sin pollos. La cerveza se ha hecho humo como todas las cosas. Una botella de ron pasa, primero, por algún amigo con divisas. Sin mencionar el perpetuo maltrato en manos de los camareros amargados. Maltrato que se repite en los autobuses y en cualquier servicio donde el mundo es en pesos. El respeto entre los compañeros, en definitiva, se ha perdido.

Así la vida es triste. Los cubanos suelen hablar de su otro trabajo además del formal: una jornada completa de hacer colas. Cierto es que en la isla no existen mendigos, todos saben leer y escribir y tienen la salud asegurada. Aunque ahora está claro que eso no les basta. En un grupo de amigos, una noche, alguien comentó que la expectativa de vida en Cuba es, insólita en América Latina, de más de setenta años. A lo que una muchacha, sin mayores aspavientos, replicó: "¿Para qué coño quiero setenta años de esta misma vida?".

2
Con Fidel a la plaza

Durante años creí que, a diferencia de los otros jerarcas del socialismo real, Fidel Castro era el único capaz de someterse a los rigores de una elección universal y secreta y, con largueza, ganar en buena lid. Al fin y al cabo era el héroe de Sierra Maestra y el honrado conductor de Cuba. "Vamos a la plaza con Fidel" fue, por mucho tiempo, una entusiasta realidad.

Creo que las cosas son distintas. Los cubanos están abrumados por la crisis y el permanente zafarrancho de combate. Y tengo la impresión que el Comandante en Jefe, como ahora lo llaman con distancia y solemnidad, ha dejado de ser el querido guerrillero de antaño.

Hace treinta años el pueblo hipotecó sus libertades en nombre de la esperanza revolucionaria. Y, sin embargo, ya pasó una generación y el prometido paraíso, lo saben, no llegará. El abismo entre las voces oficiales y la penosa vida real crece todos los días. Castro, me parece, se tambalea en la soledad del poder.

Los cubanos socialistas, tal vez la mayoría, se saben víctimas del bloqueo norteamericano. Pero no están dispuestos a justificar, para siempre, una precaria calidad de vida y una más precaria libertad. Hay algo doloroso en su confuso afán de democracia.

Invitado a un debate literario en la Universidad de La Habana, un estudiante me preguntó: "Compañero Cisneros, si por alguna razón usted estuviese obligado a permanecer en su país, ¿qué tareas revolucionarias se plantearía?". Yo por supuesto, le dije que ninguna que no fuera recuperar mi derecho a salir del país. En realidad, era todo lo que el joven letrado quería escuchar.

Una tristona lucidez acompaña a los muchachos. Saben que en el mundo hay grandes cambios. Están hartos, también, de que el poder predestine sus vidas y decida por ellos. De ahí el rechazo principal cuando Castro, en medio de bravatas militares, habla sin ambages en nombre de los once millones de cubanos. Y temen que la isla sea más isla.

Yo no sé si, en verdad, son carne de perestroika. Se hallan más bien desconcertados. Pero sí tienen sed de diálogo, información y tolerancia. Sin ningún entusiasmo bélico, nada quieren saber del heroísmo de Angola y Etiopía. Y son más distantes, cada vez, de los radicalismos de Fidel.

Castro anda de capa caída. Parece que el ciclo se agotó. Pero no puedo, por respeto a su pueblo, equipararlo alegremente a Kim Il Sung. Nada, ni por asomo, los acerca a la sórdida candidez de los coreanos. Ninguno lleva la cabeza del dictador en la solapa y menos en el alma.

Los cubanos son críticos. No es imposible oírlos protestar, a voz en cuello, en las colas de la calle o en sus casas. Y, a pesar de un centenario patriotismo (también chileno o mexicano) saben, y de qué modo, que no habitan el mejor de los mundos.

En esos días, un guardacostas norteamericano ametralló, en aguas internacionales, a un carguero con tripulación cubana. Los diarios, la radio, la televisión (una voz a la vez) amén de destacar el heroísmo, cómo no, de los marinos, echaron mano a esos tonos de combate tan caros a Fidel.

Esos tonos que, precisamente, detesta la inmensa juventud. No hablo, por si acaso, de algún nocturno marginal de cabaret. Sino de los comunistas que nacieron después de la Bahía de Cochinos, los cuadros de relevo de la revolución.

"Ahora, sólo queda aguantar al Comandante en Jefe, Bush es, a la larga su mejor aliado. Después de la invasión a Panamá, sin ir muy lejos, de qué cambios en Europa podíamos hablar. No hubo más que soplarse los discursos contra la guardia baja y la blandenguería."

La tarde de la protesta contra el ataque del navío mercante, las multitudes se bamboleaban como una gran serpiente por el malecón de La Habana. Con Fidel a la plaza. Esta vez hacia el monumento del *Maine* (el barco hundido que dio inicio a la guerra contra España). Todos los autobuses de la ciudad al servicio de los concertados. Una impecable organización.

El diario *Gramma* dice que marcharon casi un millón. Es posible. Soplaba un aire inevitable de rutina, aunque dicharachero y tropical. La vanguardia, así me pareció, era formada por el contingente *Blas Roca* (en nombre del viejo bolchevique que, en un principio, no creyó en los barbudos del 26 de julio). Llevaban un trapo blanco en la frente como los militantes de *Libertad* o los campesinos japoneses. La enorme boa avanzaba sinuosa y ordenada a la vera del mar.

No seguí la marcha. Un par de horas más tarde, estuve encaramado en la ventana de unos amigos, cuyo alto piso da sobre la columna conmemorativa del *Maine*. Entonces algo se me quebró, para siempre, ahí donde dicen que está el corazón. Mentiría si digo que la multitud en torno del estrado pasaba de cinco mil.

¿Y el millón de marchantes qué se ficieron? No lo sé. Sospecho que, luego de unas cuadras la gente se perdió en las bocacalles rumbo a sus colas infinitas o a respirar el fresco. La vida cotidiana que le dicen.

"¿Qué va a pasar aquí cuando los imperialistas tengan que enfrentar los cañones de los miles de tanques, fusiles y ametralladoras?", dijo Fidel esa noche caribeña y en la plaza con Fidel.

La Habana, febrero de 1990

MIS HOSPITALES FAVORITOS

Para Alberto Cubas

Fue la Seguridad Social Inglesa la culpable de mi malsana vocación por los médicos y los hospitales en general. Toda amenaza de infarto, malaria africana, trombosis o derrame, podía ser conjurada a cualquier hora del día o de la noche, sin gastar un cobre, con sólo trasponer las altas puertas de algún nosocomio londinense. Mágicos recintos en donde me libré de grandes y súbitos males, siempre minutos antes de la aparición del primer síntoma. Eran impecables.

El Saint Mary, de Old Brompton Road, se hallaba a la vuelta de mi casa. Y, claro está, fui su parroquiano más asiduo. Aunque, en verdad, la oferta era variada. Todos los hospitales de Londres tenían sus entradas de emergencia a mi disposición. Algunos eran modernos y otros, más bien, vetustos edificios victorianos. Pero me acostumbré a no hacer distingos. Así, como quien compra cigarrillos, les caía de sorpresa y de manera estrepitosa cada vez que, a mi ver y entender, la insolente Parca me hacía una señal.

Al principio, los galenos se mostraban incrédulos. Tuve que ingeniármelas para ofrecer, dado el caso, algunos malestares convincentes. Con el tiempo me volví un experto. No era cuestión de quejarse, así no más, sin ton ni son. Yo bien sabía que detrás del esternón irradiaba el dolor del infarto, que la úlcera al duodeno (aunque usted no lo crea) se podía anunciar en el hombro derecho y que un simple hormigueo podía dar inicio a un sólido derrame cerebral. En aquellos días, el olor del ácido muriático y los fríos metales del estetoscopio hicieron parte de mi felicidad.

Digo parte, porque si bien los tópicos de emergencia tienen su encanto, no dejan de ser modestas antesalas, Que, por lo demás, no duran mucho tiempo. La verdadera aventura anida en los vericuetos hospitalarios. No hay punto de comparación entre un paciente interno, con su bata, sus amistades, su cama propia y un triste sujeto ambulatorio, por más dramática que sea su dolencia.

Además, es bueno recordar que muchos hospitales no son, en exclusiva, lugares de maltratos y penuria. En honor a la verdad, suelen ser con frecuencia una pascana en medio del camino de la vida. Privilegio que logré, años más tarde, en la Costa Azul francesa.

En Inglaterra nunca pasé de las salas de emergencia. Salvo una vez que, por error, permanecí tres días en un policlínico de Southampton. Nada digno de mención.

Lo malo del asunto fue que, con tantas idas y venidas, los médicos del Saint Mary de Old Brompton Road terminaron por perderme la fe. En un momento dado, me negaron la camilla. Luego, la silla de ruedas. Y, a las finales, con gesto displicente, se limitaban a darme una aspirina, un vaso de agua y la espalda. Entonces comprendí que nuestra bella amistad había llegado a su fin.

La cosa se complicó. Pues, si bien Londres abunda en hospitales, las distancias se convertían en un nuevo y peligroso inconveniente. A la inminencia de los sucesivos ataques se sumaba, canalla, la angustia de no llegar a tiempo. Así y todo tuve que, haciendo de tripas corazón, organizar fríamente una cierta rutina.

Empecé, como es lógico, por los hospitales aledaños. Hammersmith, Kensington, Chelsea. El de Chelsea era el mejor. Pero esta vez, dejando de lado banales preferencias, me cuidé de repartir con tino mis visitas. Además, cada cierto tiempo efectuaba incursiones, audaces yo diría, en distantes hospitales suburbanos. Claro que no siempre la ronda se cumplía como estaba prevista. Algunas veces terminaba en hospitales insólitos, carentes de gracia o, simplemente, ignorados. En una suerte de posta, cerca de Clapham Common, encontré un altar dedicado a San Martín de Porras.

Por un buen tiempo, cual visitador médico puntual, cumplí el itinerario. Al final, en parte por fatiga, mis síntomas fueron perdiendo creatividad. Me reduje al infarto y a unos cuantos problemas respiratorios. Y todo terminó en el Prince Albert Memorial, cuando un médico hindú, dada la indiferencia de los ingleses, me prestó 15 chelines y me extendió una orden para el Hospital Siquiátrico de Londres.

No fue cuestión de hospitales, por cierto, pero después de cuatro años decidí dejar Londres. Había conseguido una plaza de asistente en la Universidad de Niza. Puse mis bártulos en el Volkswagen y crucé el Canal de la Mancha, proa a los encantos de la Costa Azul.

La Seguridad Social francesa era más complicada que la inglesa y tuve, por fuerza, que cambiar mis antiguas costumbres. Sin embargo, a los pocos meses, fui invitado para un fin de semana a una villa solariega de Frejus. Madame Clemmensy, bella dama cuarentona y especialista en Goya, era profesora principal en la universidad y estaba casada con un antiguo oficial de la guerra de Argelia. Excelentes anfitriones, sabían ofrecer los vinos en la debidas cantidades, y a la hora precisa. Sin mencionar los platos de mariscos, las ensaladas y los filetes a la Provenzal. Todo era felicidad en aquella casona del pueblo de Frejus.

Mas a tanto placer tanto castigo, suelen decir los dioses. Y así fue. De pronto, a las horas crepusculares del domingo, sentí en la nuca algo tan feroz como al martillo de picar hielo que, en su oportunidad, acabó con la vida de Trotsky. Y antes de que cante un gallo me encontré, sin saber cómo, en una rauda y chillona ambulancia, rumbo al Hospital de Brouissalles, el mayor de la ciudad de Cannes.

De la primera noche, en medio de altísimas fiebres, apenas si recuerdo a una hermosa enfermera (el retrato de Julieta Jones) que me enjugaba la frente y musitaba palabras de consuelo. Y, a pesar de mi delirio, puedo jurar que me besó en la penumbra varias veces, no exenta de ardiente pasión.

A la mañana siguiente, algo recuperado, empecé a reconocer la habitación. Era de color verde Nilo, dotada de amplios ventanales y una terraza. Afuera se veían unos pinares, el jardín de claveles y hacia el fondo, brillante y manso, el mar Mediterráneo.

Mi bucólica contemplación fue interrumpida por el médico principal acompañado, cual el pato Donald y sus sobrinos, por los jóvenes internos. Luego de una rápida rueda de preguntas, que ninguno de los muchachos absolvió, el principal dio el diagnóstico definitivo. Miró burlón, de reojo, mi vieja cicatriz de apendicitis, dio instrucciones a la enfermera y continuó su marcha veloz. El paisaje, menos mal, seguía en la ventana.

En los días sucesivos, me afané por hallar al ángel de los besos nocturnos. Pero aquel ángel no volvió a aparecer. Y estuve, más bien, al cuidado de una anciana bondadosa con labio leporino. Había sido voluntaria en la Guerra Civil española, del lado republicano, y soñaba con América Latina. Pobre mujer.

Apenas pude abandonar la cama, encaminé mis torpes pasos a la conquista de la sala de baño. Después traspuse el corredor dispuesto a fisgonear en los cuartos vecinos. Aunque muy pronto, armado de valor, emprendí notables caminatas más allá de los vastos horizontes. El mundo se me abría. Pasadizos, ventanas, ascensores, salas de espera, quirófanos, jardines, cuartos a media luz, capillas, dormitorios, salas de emergencia, pabellones, cafeterías, baños, cocinas, laboratorios y una serie de pasajes prohibidos ahí donde comienzan las zonas más oscuras.

Siempre en pos de la bella Julieta Jones, ángel del nosocomio. Cada paso presuroso de enfermera me la recordaba. No hubo rincón donde no creyera verla. La busqué hasta en la sala de cuidados intensivos. Se la había tragado la tierra. A la semana, resignado, cesé mis pesquisas. Pero no la olvidé.

Jamás pude aceptar que había sido apenas producto de mi mente febril. Existió, yo lo sé. Sin duda, aquella noche de pasión fue sorprendida por alguna enfermera envidiosa, o el médico de guardia, y arrojada a la calle sin piedad. En nombre de alguna ley que, supongo, prohíbe besar a los enfermos moribundos en horas de servicio.

El hospital era moderno, luminoso y alegre. Demasiado tal vez. La clientela, salvo un par de señorones, consistía en obreros, artesanos y campesinos de la Provenza y los Alpes Marítimos. Gente de buen trato y sonrisa fácil. Igual que en los cruceros trasatlánticos la vida era apacible, sin mayores sorpresas y ordenada, tan sólo, por las horas de comida. Con la excepción del desayuno, toda colación venía acompañada por su garrafa de vino, un clarete Côte de Provence así no más.

La dulce monotonía fue interrumpida por el Festival de Cine. Cannes, capital de luminarias. Poco a poco, los pabellones fueron invadidos por el sétimo arte. Las enfermeras, emisarias del mundo exterior, adquirían un aire mundano cada vez que informaban sobre la marcha del Festival. Y hasta las modestas barchilonas, gobernantas de chatas y papagallos, adquirían un tono rutilante describiendo detallosas su encuentro, a casi un metro, con Elizabeth Taylor.

La Croissette, sus hoteles de lujo y sus palmeras, se instaló definitivamente en la vida cotidiana del hospital que, salvo en la sección de cuidados intensivos y los quirófanos, se hallaba adornado con afiches cinematográficos. Abra la boca, respire, abra la boca, Alain Delon se ha peleado con Nathalie en la puerta del Carlton. Dése la vuelta, no le va a doler, usted tiene un aire a Robert Redford. Ponga su brazo, apriete el puño, la película de Truffaut puede ganar. Aunque también la de Nicholson y nada de botar las cápsulas al water.

El festival cerró con broche de oro. Estrellas y paparazzis levaron anclas. La vida, como era de esperarse, siguió apacible entre los rayos X, las biopsias, los enemas vespertinos.

Hasta que la administración, dado mi honrado oficio de escritor, tuvo a bien prestarme una máquina de escribir. Lo que me otorgó un aire institucional en medio de los dolientes. Pronto dejaron de palmearme afectuosos en el hombro (*Et alors mon garcon!*) y sus saludos se hicieron fríos y solemnes. Mi status de paciente peligraba.

Y la cosa fue peor cuando un campesino de Saint Raphael, después de muchas vueltas, decidió pedirme una postal para su señora. Inútil explicarle que yo no sabía escribir en francés. Que esa máquina escribía también en español. Nada que hacer. Y terminé, no sé cómo, por aceptar mi papel de Cyrano de Bergerac. Ahí aprendí que los tomates en el sur de Francia son *las manzanas del amor* y la esposa se llama *la patrona*.

El éxito fue total. Y durante varios días recibí los encargos más diversos. Desde cartas procaces, hasta largas excusas burocráticas destinadas al jefe de la fábrica o al capataz de alguna construcción. Y, por supuesto, las postales de amor. Claro que, a esas alturas, ya no confiaban en mi inspiración y me traían las misivas escritas a mano. La madre del cordero era la máquina de escribir.

Había recuperado mi sitio bajo el sol. Y así pasaron los días absurdos y fraternos en torno a una mesa de ajedrez. Tan sólo interrumpidos, pocas veces, por alguna inyección o una visita a los laboratorios, instalado en mi silla de ruedas como un prín-

cipe antiguo. ¡Ah, Broussailles! Tiempos del ocio impune, amado y protegido igual que una mascota. Hasta que llegó la tarde
inevitable en que me dieron de alta. Y, a pesar de mis llantos,
fui arrojado a este mundo cruel. El mío y el suyo, querido lector.

CRÓNICAS DE VIEJO

LAS POSADAS DEL CAMINO

Ciclistas del mediodía / 1

Mentiría si digo que soy todo un centauro. O sea mitad hombre y mitad bicicleta. Pero casi. Pertenezco a una banda de escritores entregados, con cierto frenesí, al divino equilibrio entre dos ruedas. Somos, para más señas, los esforzados "ciclistas del mediodía", como Fernando Ampuero, solitario precursor del grupo, nos ha bautizado.

Haga frío o calor, pena o jolgorio, nada puede impedir que (como el buen cartero de la historia) salgamos en circuito, dos veces semanales, por la gran ruta de los malecones que bordean los balnearios del sur. Sin contar otras rutas menores y algunos recovecos.

Está demás aclarar que no se trata de ninguna competencia deportiva y menos de integrar, ejemplares y mongos, algún club de salud o ecología. Sólo el placer de la amistad, la charla y el paisaje nos convocan a sudar la camiseta.

Huimos, como de la peste, de los ciclistas aeróbicos, de los políticos exhibicionistas con guardaespaldas a diez prudentes metros, o de aquellos que pretenden vivir más y mejor. Total, el beso de la mujer araña nos ronda en cada esquina.

En realidad, buena parte de la gracia de andar en bicicleta reside en las pascanas con las que los ciclistas del mediodía solemos regalarnos a cada cierto trecho de la procelosa ruta.

Las hay de varias clases y, en general, son proporcionales

al esfuerzo desplegado. El cielo hay que ganarlo y el cupo mínimo para una cerveza bien helada es un par de kilómetros. (Aunque nunca falta un miembro de la alegre partida dispuesto a descarriarse y descarriar, de paso, el espíritu olímpico por quítame estas pajas.)

La primera pascana, entre el Faro de Miraflores y los límites sureños de Barranco, es la bodega de un magnífico vasco. Para el humillado peatón no es otra cosa que un comercio de barrio sin cartel. Para el automovilista atolondrado un punto inexistente en el camino. Sólo el ojo zahorí de los ciclistas sabe encontrar en ese gris rincón el solaz que reclaman sus fatigas.

Una mesa con mantel a cuadros y unas cuantas sillas colocadas (a falta de terraza) en la vereda pública le bastan al amable tendero para construir, en cuestión de segundos, un soleado parador mediterráneo entre los ficus de la avenida Pedro de Osma y el trajín de los autos. (Las bicicletas, inmóviles caballos relucientes, reposan bajo el sol.)

La frugal colación consiste en unas latas de sardinas y calamares en su tinta, algo de pan y unas pocas cervezas. En la pascana de los sábados, previo aviso, nos prepara una tortilla de patatas que suele acompañar con una botella de jerez.

Cuando el crucero es de largo aliento la meta es La Herradura (y en raptos de locura las playas de La Chira). En ese caso es justo y necesario establecer una nueva pascana: la Puerta del Gallero o alguna otra ramada chorrillana es siempre pertinente. Los francos tiraditos y el musciamme con palta nos otorgan la fuerza para emprender la vuelta a Miraflores.

Hay reposos al paso y eventuales, aunque no menos gratos que suelen recompensarnos en las rutas menores o que surgen de algún modesto antojo ya de vuelta al hogar. Entre ellos, y no creo exagerar, hay una gran bodega en San Fernando de veras memorable. El propietario, un viejo yugoslavo, tiene en oferta desde cebiche de champiñones hasta jamón planchado de la casa, sin mencionar decenas de aderezos hechos con saludables plantas y animales del mar.

Claro que nada nace de la noche a la mañana. Ese orden y concierto de las buenas pascanas tuvo su origen, hace dos veranos, en los primeros raids de los honrados ciclistas del mediodía. En aquel tiempo, teníamos por uso visitar a los amigos que vivían a lo largo del camino (que son muchos). Por supuesto que no a todos a la vez. A veces le tocaba al pintor Pastorelli y otras veces pedíamos posada a la bella María Laura, al Negro Flores o a la insigne poeta Blanca Varela.

Sin ir muy lejos, fue a raíz de esas rondas amicales que Julio Ramón Ribeyro terminó en el clan de los ciclistas. El escritor acababa de instalarse en un hermoso y apacible piso con una gran terraza sobre el mar de Barranco. Esa posición estratégica, amén de su amistosa generosidad, pronto lo convirtió en el favorecido más conspicuo con nuestras imprevistas, y a menudo sudadas, visitas mañaneras.

A mediados de ese verano, su casa dejó de ser una simple pascana para convertirse en la meta feliz. Hasta que un buen día fuimos sorprendidos por nuestro anfitrión. En lugar de esperarnos con los vasos de siempre en la terraza, lo encontramos de pie, en la puerta principal del edificio, mirada deportiva, bicicleta en ristre, dispuesto a incorporarse al raid del mediodía.

Me gustaría decir que, gracias a la bicicleta, ha cambiado mi vida, que soy otra persona. Me gustaría, si no fuera porque el hígado, el corazón y el páncreas, que Dios me dio en sorteo, siguen siendo los mismos. En cualquier caso, pocas cosas me llenan de contento como los vientos fríos del océano revolviéndome el pelo cuando, veloz y mudo, corto el aire rumbo a ningún lado.

LA MÁQUINA DEL TIEMPO

Ciclistas del mediodía / 2

Monto a menudo mi rauda bicicleta a la buena de Dios, sin premura ni rumbo con la sola certeza de que todas las rutas me conducen al mar. Casi siempre al fina de la tarde, cuando el aire está oscuro y sin embargo no ha caído la noche. La hora exacta de la melancolía.

A menudo también, en estos viajes, me topo sin querer con mis lejanas edades anteriores al doblar una esquina. Al fin y al cabo, unos cuantos modernos edificios y ciertos cambios en la mampostería no han hecho mayor mella en este barrio, en el que mal que bien pasé toda mi vida.

Cruce de Roma con la calle Francia. Si tomo a la derecha, sospecho que aún estoy a tiempo de llegar al pomposo cumpleaños de Juan T. (Me han dicho que su padre es alemán y caballero andante de la Orden de Malta.) Al frente viven los hermanos Z., Aníbal y Jaime. Salvo el farolito de la puerta, la casa se halla a oscuras y un perro extraño ladra en la azotea.

A la izquierda, voy camino al colegio entre los recortados setos de granada (esas hojas amargas) y unos frondosos árboles de mora. Hugo B., su álbum de estampillas y su hermana Chabuca. El Gordo S. que treinta años después (hace diez años) morirá sobre el Caribe en un accidente de aviación. Por ahora está vivo y me sonríe.

Ya no tengo los menores deseos de seguir al colegio. Me detengo en el billar de Bellavista. A pesar de la hora está cerrado, igual que la Oficina de Correos y la carbonería. El cine Excelsior ha cambiado de nombre. No me importa. Programa doble: Otra vez, a pedido del público, los capítulos últimos de *La invasión de Mongo* y estreno, copia nueva, de *El Hombre Mono contra los cocodrilos*. Faltan varios semestres todavía para un filme de desnudos de Ana Luisa Peluffo, mi primer pecado capital.

Vuelvo a la calle Roma. Continúo la discreta pendiente que lleva al malecón. En la próxima cuadra está mi nido, Señora del Rosario. Lágrimas de la Virgen, buganvillas. Ando muy triste porque perdí mi cetro en el jardín, aunque conservo la gran corona de cartón dorado. Soy el Rey del Invierno, con un abrigo de carnero peludo y una bufanda vieja. Me muero de calor porque es diciembre y ya empieza el verano. Aplausos cuando acaba la función. Ahora estoy al borde de los acantilados. Nada queda del infinito olor de las crayolas y ese jabón de Yardley.

Ana María (que en realidad es la hija de Ana María D.) rueda en el pasto con su gato de Angora. Al fondo está la hilera de luces de La Punta. Los faros de un Toyota me deslumbran apenas un instante. Giro sobre mí mismo en las dos ruedas. Ana María, hija, se hace añicos con su gato de Angora y el sol de mediodía me devuelve a Ana María D. (zapatos blancos y cola de caballo). Se recuesta en el muro y me sonríe, insolente, como alguien que ha cumplido los doce años. No sé ni qué decirle y regreso humillado al fondo de la noche, más allá de los postes de luz y las cavernas del malecón Cisneros.

Mi bicicleta china, 12 cambios, color de vino añejo, es sólo el equilibrio entre la tierra firme y las aguas revueltas donde naufragan las naves portuguesas.

El océano es el mismo, abajo, entre las piedras que arrastra la rompiente. Hay un bote sin quilla remontando los tumbos verdinegros de la media mañana. Soy la mascota de los pescadores (eso me dicen), ovillo los sedales de la popa y ordeno los anzuelos. Puedo sentir, si quiero, las tenazas mojadas de un cangrejo en el plexo solar.

A mitad de la calle Madrid, bajo los ficus, hay una fuente que al final de la tarde se repleta de sapos. Está rodeada por unas casas altas de ladrillos y techos a dos aguas. Aquí termina el mundo.

Tengo casi seis años, un mameluco verde, unas sandalias y una Hércules King, con su parrilla, brillante y negra como las bicicletas respetables de mi primera infancia.

Mi padre es un muchacho, no llega a los treinta años. Luce los bigotes recortados y su camisa de leñador inglés. Debe ser un domingo, de lo contrario estaría enfundado en algún terno de casimir cruzado y una corbata a rayas.

Me anima a mantener el equilibrio, mientras corremos contra la brisa lánguida del mar. Yo de pie, grumete, sobre los pedales (el asiento es muy alto para mí), aferrado al timón, asustado y feliz.

Se han prendido las luces de la calle, pero el cielo es muy claro todavía y sopla un aire leve. Todo indica que estamos en verano. Y que vendrán muchos veranos más.

LAS DAMAS AMAN A LOS CICLISTAS

Ciclistas del mediodía / 3

Al verdadero ciclista no le ofende en lo más mínimo que le cierren las puertas en la cara, pero sí que se las abran. Sobre todo de golpe. Esas puertas traidoras de los autos, estacionados en aparente calma, silenciosos como animales malheridos, pueden ser en cuestión de segundos una trampa mortal. Basta que algún chofer inepto o cruel (para el caso es lo mismo) gire sin miramientos la manija y el honrado ciclista acabará, con toda su alegría mañanera, estampado en la pista.

En este rubro seamos precisos: los automovilistas, sin ninguna excepción, son nuestros enemigos. Y como tal debemos de tratarlos. No caben diferencias ingenuas, por ejemplo, entre un piloto raudo y avezado que, casi siempre, sabe bien lo que hace y uno errático y lento de indudable manejo oriental. Por distintas razones, ambos son peligrosos.

De ahí que los ciclistas, con frecuencia, terminan relegados a los oscuros caminos marginales, las veredas (repletas de transeúntes distraídos) o las indignas bermas. Y en ciertas ocasiones, vergonzantes y cautos, no tienen más remedio que remar contra el tráfico para salvar sus huesos. Aunque ésta es, al fin y al cabo, la modesta patente de corso sobre la cual, más mal que bien, los indefensos pueden reposar.

Hasta aquí los lamentos. El ciclista de ley tiene, ante todo, que hacerse respetar. Está obligado a combatir cual Sandokán,

Tigre de la Malasia, por su derecho en las rutas, los cruces, los semáforos y, de refilón, la vida en general. Retroceder nunca, rendirse jamás.

Observe al velocista derrotado. Torpe, meditabundo, opaco y manso como una piedra pómez, temiendo lo peor, mientras respira, sin el menor remilgo, el monóxido vil de una combi asesina. Está en una avenida principal, el semáforo en verde lo favorece y, sin embargo, se detiene aterrado, ante cualquier gañán de cuatro ruedas que aparece del aire. Estas historias deben terminar. Yo también fui un alfeñique de 40 kilos, hasta que hallé mi personalidad.

Personalidad. He aquí la madre del cordero. ¿Qué es lo que diferencia, hablando en oro, al usuario de un Porsche Turbo Carrera 911 de aquel que luce una bicicleta montañera, *made in China* y ensamblaje local? Simple y llanamente la personalidad. El del Porsche tiende a ser agresivo, petulante tal vez, siempre seguro. Seguridad es entonces la voz. Amén de una cierta alegría de vivir.

Ahora, observemos de nuevo al buen ciclista. Nada lo arredra en su marcha veloz. Una mirada repleta de personalidad le basta para fulminar al insolente chofer en las esquinas. Hay un toque de gracia en cada movimiento de pedal, las aves agoreras escapan a su paso y los mirlos cantan sus hazañas. Por lo demás, es verdad comprobada, las muchachas más bellas y de buen corazón aman hasta el delirio a los ciclistas.

CÓMO RECONOCER A UN DINOSAURIO

 En estos días no tendría nada de raro toparse con algún melancólico alosaurio o un laplatasaurio deambulando, sin orden ni concierto, por las calles de un barrio (el suyo por ejemplo) al final de la tarde.

1

Los dinosaurios, aunque extinguidos hace 63 millones de años, nunca han dejado de existir para la humanidad. Maravillas que poblaron el planeta durante los períodos triásico, jurásico y cretáceo (unos 150 millones de años) y cuyas grandes masas aún se bambolean en todas las memorias.

Dada su abrumadora presencia, creo justo y necesario ofrecer al lector algunas precisiones sobre estas nobles bestias. No me anima otro afán que el de dotarlo de una suerte de guía de bolsillo para reconocerlos a tiempo y, dado el caso, saber a qué atenerse.

En primer lugar, de las 300 y pico especies conocidas (o más bien sospechadas) apenas unas cuantas tenían esa facha gentil y aparatosa (lubricantes Sinclair) del brontosaurio o el aspecto feroz del colmilludo tiranosaurio rex. Ni todos eran verdes.

Los había escamados, arrugados y lisos, blandos, acorazados, recubiertos de plumas, espinosos, variopintos y de alegres colores. Vivían en el aire, las aguas y la tierra. Saltaban, nadaban, volaban, corrían, reptaban y algunos eran bípedos (como usted). Huelga decir que sus hábitos gastronómicos (carnívoros, herbívoros, omnívoros) complican el asunto. Por lo demás, no habitaron el mundo, juntos y revueltos, a una misma vez: entre el fin de una especie y el comienzo de otra pasaban, a menudo, varios millones de años.

Como puede ver, no es nada fácil su identificación. Y menos todavía cuando la gente cree que todas esas verdes criaturas de Dios eran descomunales como una catedral. Si bien los mayores (braquisaurios, ultrasaurios) solían medir, según parece, casi 40 metros y su peso era de 30 toneladas, los más pequeños (musaurios, nanosaurios) medían 3 pulgadas del hocico a la punta de la cola.

De modo que si usted, incauto peatón, vigila el ancho cielo dispuesto a detectar algún iguanodón o el cuello interminable de los mamenquisaurios, tenga presente que, en menos de lo que canta un gallo, puede ser devorado por una infame jauría de carnívoros hambrientos, no mayores que una gran cucaracha.

2

Ella cantaba boleros y ellos también hacían el amor. El romance de los antiguos saurios comienza, como el de todos los animales (humanos incluidos) con alguna canción.

El pecho de un lambeosaurio macho, por ejemplo, con su pequeña cresta y su corazón de hierbas, empieza a vibrar intensamente, con un sonido sordo, leve, apenas perceptible para los enjambres de libélulas y coleópteros voladores que dan vueltas, erráticos, en torno a sus 5 toneladas.

El murmullo crece poco a poco, hasta pasar por un zumbido intenso y convertirse, pronto, en un terrible canto poderoso y viril. Esto basta para ahuyentar a los carnívoros y otros predadores de las inmediaciones. En cuestión de segundos, cientos de bestias corren (o se arrastran) sin rumbo fijo hasta despejar aquel montón de helechos y pantanos, esa cama de amor, en donde el lambeosaurio proclama su celo.

La hembra, con una cresta más pequeña aún y un corazón también de hierbas, escucha el llamado y, aunque se prepara para el encuentro, finge otear ese cielo color plomo, que contiene más humedad que Lima en el invierno. Ahora el llamado tiene el sonido del trueno o los volcanes en erupción. Ella acude elevando su cola. Se miran a guisa de saludo.

Después (según los paleontólogos) se frotan las narices durante media hora. Luego se frotan los pechos y los lomos y, con cierto desorden, chapotean en la orilla de un estanque de barro. El macho toma a la hembra con sus patas delanteras (o brazos para el caso) y trata de encaramarse, sin éxito al principio, sobre sus flancos y esas rugosas ancas. La operación (según los paleontólogos también) suele durar toda una jornada y algo más.

Los estegosaurios (sea otro ejemplo) tienen usos de apareamiento diferentes. Sus inmensas placas córneas, que van desde la nuca hasta el fin de la cola, son parte imprescindible de las fiestas de amor. El macho posee, en realidad, la mitad del volumen que aparenta con sus aristas desplegadas. La hembra casi un tercio.

Así esos requerimientos, aparte de un discreto mugido (que de acuerdo a sus varias toneladas sería el de seis toros), se expresan en una suerte de desfile, un pavoneo, con las almenas en todo su esplendor. Esta gracia, amén de entusiasmarlos, les confiere tal aire de ferocidad (exagerada para unos modestos herbívoros) que mantiene alejadas las malas intenciones de cualquier habitante de la ciénaga. Además, el entrechoque de aquellas placas córneas otorga grandes calidades al abrazo final.

Nadie puede imaginarse (ni los paleontólogos) el amor entre los brontosaurios.

DE LA BATICUEVA Y OTROS VERSOS

 A finales de los años 60 vi, en el *Nouvel Observateur*, los primeros poemas construidos por la computadora. Una suerte de palabras apiñadas, sin mucho ton ni son, igual que en ese juego que Breton y algunos surrealistas llamaron "el cadáver exquisito".

> *Árboles invierno*
> *nieve muerta*
> *ave alada*
> *noche*
> *noche*
> *noche*
> *corazón acero*
> *tuyo*
> *tuyo*

Una base de datos y algunas directivas podían producir estos animalitos sin encanto. Está demás decir que aquel Parnaso no pasó de la novelería y nunca prosperó. Sin embargo, ciertos intelectuales de la época, y algunas almas buenas, pusieron el grito en el cielo. La computadora, como el becerro de oro, proclamaba el fin del humanismo.

Era el tiempo de las máquinas gigantes ("y sus ancas relucientes y sus cascos musicales"). Altares con bobinas y alambiques de artefacto espacial, imagen fiel del batiordenador que Batman manipula en las tinieblas de la baticueva. Los lectores fantasiosos se las imaginaban dominando el planeta. La máquina es un lobo para el hombre.

Nada de esto ocurrió (¿estás seguro?) y pronto aparecieron las PC (*Personal Computer*) y, a título seguido, las portables *laptop* con su modesto aspecto de lonchera escolar.

Cuando el año pasado anuncié, en algún recital barranquino, la lectura de mi primer poema escrito en una computadora, oí que del auditorio se desprendía un leve murmullo de estupor. Otra vez el fin del humanismo. Me sentí incorporado al universo de los *megabytes*, los *ram*, los *rom* y el robot mongo de *Odisea en el espacio*. Mi vanidad quedó casi colmada.

Salvo el ciego Milton, que dictó *El paraíso perdido* a sus hacendosas hijas, los poetas escribimos con nuestra propia mano. Al menos los versos iniciales que, dicho sea de paso, con frecuencia terminan arrimados a la estrofa final.

Aquí los bardos se dividen en dos. Aquellos que, siguiendo los designios de la Musa, continúan a mano hasta las últimas consecuencias y los otros, como yo, que antes de agotar la primera carilla se enredan de tal modo con su caligrafía que recurren a la máquina de escribir, para mirar en limpio.

Puestos los versos en tipografía uno siente que ha vencido la maldita página en blanco con la que Mallarmé amenazaba a los poetas insomnes. Nada más falso. De vuelta al lapicero. Garabatos, flechitas, tachaduras, gozos y arrepentimientos se suceden. El texto se ha tornado en algún hormiguero incomprensible hasta para el autor.

Ergo, otra vez a la máquina de escribir, nuevas correcciones manuscritas: otro hormiguero. Y sigue así.

Hasta que el poeta, o la caprichosa Musa, decide que el poema se halla listo para la gloria o el desdén. La gloria, de preferencia.

Sin embargo, aquí surge una duda. ¿Ha llegado el poema a su fin, o la fatiga (máquina, papel, lapicero) ha terminado por vencer al poeta y, de paso, a la Musa?

A diferencia de los novelistas, que suelen redactar el borrador de un solo tirón para luego pasar a la escritura, los poetas escriben siempre en limpio. Arrebato, corrección, contentamiento son parte de un proceso simultáneo. Nadie osa, salvo dolorosas excepciones, continuar el poema dejando en el camino imágenes maltrechas, versos a medio hacer.

Aquí entra a tallar la pluma de ganso cibernética. La posibilidad de corregir hasta el infinito sobre un papel inacabable. Ocultar alguna imagen, desecharla, devolverla a la luz, es sólo privilegio que concede el procesador de palabras de una computadora.

Además, y es bueno recordarlo, el poema, a diferencia de la prosa, es un objeto plástico. Cosa de ser leída, pero también de ver. Ahí está frente a nosotros, todo el tiempo, completo o incompleto, sobre la pantalla azul, amable y animosa.

La computadora no es, entonces, ese monstruo peludo que devora al imberbe humanista. Yo vivo convencido de que fue concebida pensando, antes que en nadie, en algunos poetas (y su aguerrida Musa). El problema, si existe, se plantea al revés. El quid de la cuestión está en saber cuándo el poema debe terminar.

El hada cibernética es, en el fondo, pegajosa. Y el soberbio delirio de los levantadores de Babel puede hacer presa del incauto vate: construir un poema sin fin.

Claro que no faltan los poetas que sueñan con vender sus manuscritos (cual Borges o Neruda) a la Universidad de Texas. En este caso, el modernismo es enemigo de la gloria. No queda más remedio que negarse a la posteridad.

(Mi pequeña *laptop* se ha conmovido. Gime bajo las yemas de mis dedos.)

LA REPRESIÓN
el amor libre y el aterrado sexo

Todo empezó con el pecado original. Aquel de Adán y Eva, su costilla, nuestros primeros padres. Dice la Biblia que, tentados por el diablo en forma de serpiente, desafiaron la ley de Jehová devorando golosos el fruto prohibido, suerte de lúbrica manzana, del Árbol de la Ciencia del Bien y del Mal. La Biblia añade que, apenas comprendieron el horror de su falta, ocultaron sus desnudos cuerpos con vergüenza. Habían inaugurado el vicio de la carne.

Mi propio pecado original lo cometí a los cuatro o cinco años en el Nido Infantil del Buen Rosario. Cuando encaramado en la ventana de la enfermería me dediqué a espiar a mis compañeritas el día de la vacunación obligatoria, contra la polio creo, que en ese tiempo era intramuscular.

Eso fue antes de caer bajo la tutela de los Hermanos Maristas en el Colegio Champagnat. Ellos se encargaron, con sobrado talento, de perfeccionar mi conciencia del pecado. En su encendido verbo, los actos deshonestos o la inmoralidad estaban referidos, de manera exclusiva, al sexto mandamiento. Ni qué decir de la concupiscencia. Me había (o me habían) convertido en un avezado pecador antes de la edad de la razón.

Para colmo de mis males, el día de la Primera Comunión, lejos de ser el más feliz de mi vida, fue el día de un amargo sacrilegio. No tanto porque, presa de los nervios, clavé los dientes en el cuerpo de Cristo, sino por ese brazo muy blanco y regordete con que el demonio me tentó camino del altar. Fue tan sólo una breve mirada furtiva, pero repleta de concupiscencia.

Las terribles confesiones de los viernes me atormentaron toda la primaria. Padre, me acuso de haberle pegado a mi hermanita, de mentir, de desobedecer a mis padres, de ser ocioso en el colegio. Y qué más, hijo mío. Silencio sepulcral. Y volvía entonces a pegarle a mi hermanita, a mentir, a desobedecer, a ociosear, tratando de retardar el momento siniestro, inevitable, de confesar mis malos pensamientos.

Hasta que un día los pensamientos fueron (valga la redundancia) de carne y hueso. Ocurrió a las finales de mi adolescencia, durante el viaje de promoción escolar. La gira se inició, como corresponde, con una visita al Cusco, Ciudad Imperial, enfilamos luego a la Ciudad Blanca, Arequipa, cuna del imponente Misti, para culminar, con broche de oro, en la heroica ciudad de Tacna. Allí nos acechaba Belcebú.

Pronto supimos que esta ciudad de la frontera no sólo era símbolo de la resistencia contra el invasor chileno sino, al mismo tiempo, una tierra de encuentros fraternales. En todo caso, algunas prostitutas de la vecina Arica se habían instalado en unos hoteluchos que rodeaban la terminal del tren, convirtiendo al distrito en una suerte de Pigalle rutilante con techos de Eternit.

Los muchachos más audaces del salón (Pelucho, Pablo y Tito) fueron nuestros mentores. Su aplomo era admirable, y más aún la gracia que ponían al regatear los precios y favores de las damas, recostadas burlonas en las puertas de sus inmundos cuartos. Yo aguardaba, creo que aterrado, atrás, en el montón, la hora de la verdad. Ahora sólo tengo en la memoria un denso olor de ruda y de sahumerio y, sobre todo, un frío insoportable en la barriga.

Los años que siguieron pertenecen al capítulo del buen

amor, dulces noviecitas, asediado sin tregua por los infames reclamos de la carne. El filme *Esplendor sobre la hierba* fue, para mí, la gran historia de aquella represión. Warren Beatty y Nathalie Wood se aman, se desean. Pero son decentes. Él jamás haría con ella lo que hace con Linda Francis, que no es decente, en el asiento trasero de su auto. Son demasiado jóvenes para el matrimonio y no hay manera, por lo tanto, de resolver esa pasión. Al final Warren se casa, a desgano, con una enfermera italiana, Nathalie virgen enloquece y termina en un manicomio, y yo me voy en un barco a Inglaterra.

"En el 67 —escribí en el 88— me hallaba instalado como vecino de Earls Court. En medio del laberinto de los Beatles y los Rolling Stones, los hippies, las minifaldas, la hierba, las campanitas y unas terribles ganas de ser adolescente con años de retraso."

Los 60 y 70 cambiaron (casi) el orden de mundo por completo. El austero puritanismo de la posguerra llegaba a su fin. Fueron años de jolgorios y revueltas y todas las liberaciones, posibles e imposibles, encontraban su sitio bajo el sol. La liberación sexual fue la primera. Tiempo de las comunas, la píldora masiva, el amor libre. La confianza en el prójimo era ilimitada (siempre que no pasara los treinta años de edad) y la carne era buena.

Haz el amor y no la guerra, fue entonces la consigna. En estos días, qué lejos estamos del gregario Woodstock, tribus felices, y qué cerca del miedo. Entre el individualismo posmoderno y el fantasma del sida, la abstinencia o, en el más desfachatado de los casos, el monógamo condón de nuestros padres han sentado su reino una vez más.

POESÍA ERES TÚ

En esta ciudad los recitales de poesía cuentan, cosa curiosa, con una vasta y entusiasta clientela. A veces, se da el caso de varias lecturas simultáneas y en distintos parajes. No hay problema. Cada una reúne, por lo menos, un centenar de fieles. Y hasta el poeta más desdichado, si lo hubiere, no baja de sus treinta feligreses.

En los *vernissages* de pintura, las galerías suelen convidar vino chileno y *champagne* nacional. En los seminarios de ciencias sociales entregan, además, certificados. En los recitales, no. Todo es poesía y, sin embargo, son en general más concurridos.

La clave del asunto está en el debate. Es decir, el público puede estar interesado o no en los poemas. Es lo de menos. En cambio, espera ansioso el fin de la lectura. Esa suerte de inmolación del triste bardo, en el altar de las preguntas (y respuestas).

Los fieles de la lira no son, como creen algunos, una masa informe de espontáneos. No, señor. Están clasificados por categorías, edades y peso. Por ello, a los poetas que se inician en el arte, me permito ofrecerles esta guía que, aunque breve, ha de ser de gran utilidad.

Para empezar, están los interrogadores profesionales. De buena y mala fe. Los primeros, suelen interesarse por el alma del rapsoda. Usted, como poeta, qué siente ante el invierno (o la primavera, los niños, el trino del canario). O por el cuerpo. Cuántas veces hace el amor (como poeta, claro) y qué toma en el desayuno.

Los segundos son, en general, políticos en cierne o mañosos (que viene a ser igual). Y luego de una serie de preguntas, cuyo fin es dejar al poeta como una rata pública, le exigen soluciones inmediatas para la deuda externa y la corrupción policial. Y nada de evasiones, por supuesto.

Cuando se trata de poetas femeninas cuyo tema, tan de moda, es el erotismo sin tapujos, los lobos suelen entonces solicitar detalles y precisiones carnales. Dudan, incluso, sobre tal o cual posición del Kamasutra. Y, eventualmente, las esperan a la salida del recital.

La mayoría, como es previsible, no tiene el menor interés en las respuestas, pues vienen incluidas en sus propias preguntas. Lo importante es meter la cuchara.

Nunca falta la dama, más o menos jamona, que comienza apelando a la exquisita sensibilidad del poeta. Gracias, señora. Sensibilidad que los hermana para comprender su caso (o el de una amiga). No sabe, verbigracia, qué le ocurre cuando se sonroja ante una flor. Será que ella, en el fondo, es también muy sensible.

Su esposo (o el esposo de una amiga) siempre la anima a escribir poemas. Está desconcertada. ¿Será acaso poesía el florilegio que, por casualidad, aprieta entre sus manos? Y la melopea, collar de cuatro vueltas y plumas de avestruz, empieza inacabable.

A título seguido, viene el iconoclasta profesional. Una mezcla de bolchevique callejero y pechugón. Menos sensible, tal vez, que la jamona, pero en definitiva más audaz.

Llega siempre a mitad de lectura. De modo que interrumpe al poeta. Al fin y al cabo, ningún gusano merece su respeto. Cómo es posible que esa lombriz ocupe el tabladillo que, en rigor, a él le corresponde.

Entonces, síganme los buenos, extrae veloz un cerro de cuartillas, hábilmente ocultas en la bota, y las despliega cual pabellón de guerra. Es el instante (recomiendo al poeta) de tomar sus vituallas y encaminarse, con suma discreción, a la salida. No vayan a acusarlo, después, de compartir la gloria.

Además están los decimistas espontáneos. Que, a su vez, se dividen en juglares andinos o criollos. Piden permiso y son dicharacheros. Una sabia combinación de Nicomedes Santa Cruz, los *jingles* de Pepsi, y *Ese pollito que tú me regalaste* produce maravillas.

Hay que considerar también a los filólogos, cultos y oscuros como corresponde. A los revolucionarios que reparten volantes. A los confianzudos que llaman al poeta por su apodo y que, a menudo, se confunden con la claque.

Pero la auténtica flor de un recital es el orate. Y aunque los ya mencionados, algo tienen de locos, de ningún modo se equiparan a uno verdadero. Son la sal de la tierra.

Está demás decir que no todos tienen una presencia estrepitosa como esos que deambulan por las calles de Lima, ni todos son furiosos. Claro que nunca falta algún loco exhibicionista. Aunque ese es un accidente de fácil manejo, que termina cuando se le invita a salir de la sala.

A menudo, los vesánicos amantes de las musas son seres reposados, que vistos al desgaire no provocan mayor inquietud. Sólo el pobre poeta, teniéndolos al frente, los padece. Los auténticos locos se sientan en primera fila y tienen por costumbre clavar la mirada de modo amenazante en algún punto fijo de la anatomía del poeta, casi siempre en la oreja izquierda o la nariz, al tiempo que sonríen sin ton ni son. Algunos otros hacen guiños intermitentes mientras sacan la lengua como ofidios. Esto basta para desmoronarle la lectura al bardo más templado. Sobre todo, si tomamos en cuenta que el resto del público permanece completamente ajeno a esta suerte de diálogo siniestro y, a la larga, si perciben alguna manifestación de locura, no será otra que la del propio poeta en el estrado.

He aquí el verdadero reto. En cualquier caso, es útil recordar que un recital sin su demente propio es pura pacotilla y, con frecuencia, pasto del olvido.

DE LA TRIBU CELESTE

Yo vine al mundo, es decir al gramado, con la celeste puesta. Una década después nació el Cristal. Mi padre, sus hermanos y todas las dinastías de mi casa eran hinchas del Sporting Tabaco. Y en el poblado santoral de mi más tierna infancia, tenían su sitial de privilegio Eugenio Zapata, Germán Colunga, Alfredo Cavero, Ernesto Villamares, Faustino Delgado, Vicente Villanueva, Leonidas Mendoza, alias "Tundete", y el gran Condemarín. Ángeles y demonios a la vez.

La felicidad de los domingos eran esas tribunas de madera y color terracota en el Estadio Inglés. Siempre con mi padre y mi tío Paco y mi primo Nicolás. Por entonces sólo se jugaba con la luz del día. En el 52 se inauguró el Estadio Nacional. El mejor iluminado de Sudamérica, según decían.

Aún recuerdo la primera noche del Sporting Cristal. Era mi equipo de siempre y no era el mismo. Usaban unas camisas de satén en vez de camisetas y el celeste había cedido al azulino. Para mi tranquilidad, la mayoría de los tabacaleros seguían en la escuadra. Allí estaban gloriosos bajo los reflectores y el confeti. La novedad era la terna de uruguayos Sacco, Zunino y Acuña. Un equipo poderoso había nacido y ese mismo año campeonó. Fue en 1956.

El Tabaco nunca tuvo gran hinchada. Tampoco en sus orígenes el Cristal. Aunque, a diferencia de sus modestos predecesores, los cerveceros y sus recursos millonarios despertaron muy pronto las envidias de los eternos intocables, el Alianza y la U. Era natural. Por lo demás, la popularidad de la celeste me tenía sin mayores cuidados. Al fin y al cabo, el Cristal (como antes el Tabaco) era casi una tribu familiar.

(Dicho sea de paso, creo que mi primo Nicolás guardó esa soledad toda su vida. Marino mercante entre el Callao y Yokohama, murió a los cuarenta años en un pueblo de Texas apartado del mar.)

Nadie en el barrio o el colegio codiciaba la casaquilla del Cristal. De modo que entre los dos asumimos la gloria del equipo completo. Ismael Soria que venía de triunfar en Millonarios, el diablo Gallardo, Del Solar, Asca por supuesto, el granítico Chumpitaz y hasta el watusi Arizaga, que con su sola presencia levantaba todos los abucheos del estadio. Cuando Alberto Gallardo, con un salto felino, le rompió el alma a un par de matones del Boca en la misma Bombonera, Nicolás y yo nos consagramos para siempre. O para todo ese verano por lo menos.

Creo que mi amor por las buenas bodegas de italianos tiene que ver con el fútbol. Esas noches nubladas, a la salida del estadio, con frecuencia acompañaba a mi papá y a su grupo de amigos al viejo Malatesta. Cervezas heladas y queso gorgonzola. Una coca-cola para mí. Animoso al principio, terminaba dulcemente aburrido entre charlas y risas que casi no entendía.

A lo largo de mi viajera vida, el corazón celeste me ha acompañado por varias latitudes. Ahí, donde sentaba mis reales, solía procurarme algún equipo que de alguna manera recordara al Cristal. A la camiseta del Cristal. Celeste era, por ejemplo, la del MTK de Hungría, representante de las fuerzas armadas y colero perpetuo. Celeste era también la del Southampton Regal en Inglaterra, un bodrio de excepción. Cosas del fútbol, como dicen.

Aunque ahora voy poco al estadio, hay un hincha maravillado que siempre vive en mí. No he perdido la costumbre de empezar la lectura de los diarios por la última página y los programas deportivos, junto con las películas de terror inglesas, son mis favoritos en la televisión. Hasta hace pocos años, solía toparme con el gran Rafael Asca por los alrededores de la calle Shell en Miraflores. Qué placer saludarlo, agradecido, con un ceremonioso "Buenas, don Rafael", en nombre de ese niño solitario y feliz.

MI ABUELO, UN EMIGRANTE ANDALUZ

A propósito de la exposición "España fuera de España", llevada a cabo por el Centro Español del Perú.

En una foto lloran abrazados un hombre sesentón y un muchachito. ¿Es el abuelo despidiéndose del nieto? ¿O es un sufrimiento compartido por alguien que se aleja en la marea? Ese llanto es el mismo a lo largo de un siglo. La historia repetida entre los muelles repletos de modestos emigrantes, la boina en ristre y un baúl de palo, a la espera del soñado navío de ultramar.

Sólo entre 1880 y 1930, tres millones y medio de españoles se establecieron, con acas y petacas, en tierra americana. Bocas que España, de espaldas a la Europa industrial del siglo XIX, no pudo alimentar. Campesinos, bodegueros y artesanos en su gran mayoría. Muchos de ellos, a fuerza de trabajo, levantaron sus honradas fortunas en las Indias.

Hubo también un caso en donde nadie se despidió de nadie. El de la gente de Boada en Salamanca. Una aldea entera, 950 pobladores decidió, en cabildo abierto, zarpar a la Argentina. Las pocas reses fueron rematadas y las flacas gallinas sirvieron para el último festín. La iglesia de Boada, cerrada a piedra y lodo, permaneció en la memoria de dos generaciones.

Mi abuelo no era de Boada, pero era pobre de solemnidad. En Cuevas de Vera, provincia de Almería, todos los habitantes eran pobres y de solemnidad. Durante siglos vivieron de la tierra y ya la tierra no producía más.

Eran tan pobres que ni siquiera podían fantasear con embarcarse a América. Para muchos emigrantes andaluces el horizonte terminaba en la costa africana. Argelia y Marruecos sucedían a El Dorado en su imaginación.

Aún brillaban los fuegos de artificio con los que las ciudades de la Europa burguesa dieron la bienvenida al siglo XX. En Cuevas de Vera, el muchacho Narciso Campoy, su bolsa marinera sobre el hombro, trepaba a una carreta que bajaba al puerto de Almería. El velero, de bandera francesa, se llamó "Fleur d'eté".

Poco sé de la vida de mi abuelo en el Magreb. Sólo sé que ingresó a la legión y fue un buen fusilero en una de la guerras coloniales. Creo que en la del Rif. Acabada la rebelión beréber, deja el Marruecos Español y, precursor de Humprey Bogart, sentó sus reales en pleno malecón de Casablanca. Era un andaluz afrancesado.

De vuelta a Europa, se graduó de químico en París y aprendió las artes del chocolate y los confites finos. Su última fotografía en el viejo mundo está fechada en Dresden. Calvicie prematura, cejas pobladas, un traje con chaleco y una corbata ancha. Lo rodean tres damas elegantes y rubias y un par de divertidos caballeros con lentes de carey. El tintineo de las copas de *champagne* anuncia la república de Weimar.

Desembarcó en el Callao en 1921. Contratado por Arturo Field, fue el químico principal de La Estrella Limitada. Aunque poco después instaló una industria por su cuenta. La fábrica de dulces y pastillas de la muy afamada marca Alfa. Que ofrecía además, a su distinguida clientela, chocolates exclusivos al estilo francés. Se aceptaban pedidos al teléfono 157.

La fábrica prosperó y terminó ocupando toda una manzana sobre la plaza de armas de La Victoria. Qué inviernos, qué veranos. Mi abuelo conducía un dorado Bugatti. Y mi joven abuela y sus cuatro pequeñas eran, sin duda, el rostro mismo de la felicidad.

Otra fotografía. Está fechada en el Palais Concert de Lima. Esa sonrisa y cierto desparpajo son los mismos de la foto de Dresden. Comparte la tertulia con un grupo, parecen comerciantes. Ninguno memorable, salvo el gordo que sostiene un habano con aire socarrón. Hay una pierna de jamón serrano que ocupa buena parte de la mesa.

Mi abuelo era también un sabio cocinero y un *gourmet*. Sus comilonas del domingo eran famosas en toda la comarca o, por lo menos, entre los feligreses del Casino Español. Murió en su ley. Tenía apenas cincuenta y tres años. Una peritonitis ocasionada por algún camarón de la paella puso fin a sus días. Dos semanas después, el mundo deliraba de entusiasmo por el descubrimiento de la penicilina.

PACASMAYO MON AMOUR

Para Carlos Flores y Felipe Arbayza

El puerto de Pacasmayo es, para mí la historia de un gran amor y una suerte de molusco llamado ancoco.

Todo empezó cuando conocí a la Negra. Amén de descubrir sus virtudes terrenas y divinas, reparé que en su santoral de manjares se hallaba este animal, hasta entonces desconocido. Pronto se convirtió en una apetitosa y febril obsesión.

El ancoco, según entiendo, habita entre las rocas y a la orilla del mar. Aunque sólo en el mar de Pacasmayo. Su aspecto es, al decir de los taimados, más horrendo que una rata mojada. Pero su sabor es fuente de delicias que la palabra no osa nombrar.

No faltan quienes lo confunden con el percebes, marisco insigne de las cocinas españolas. Y los más torpes, con el chanque, la ciruelilla, el muy-muy gigante (llamado marucha). Craso error. El ancoco, en cuestión, es el ancoco.

Si la carne de tortuga suele tener hasta cinco sabores, la pulpa del ancoco supera, sin esfuerzo, la docena. Tiene de cangrejo, de camarón, de calamar, de pulpo tierno, de erizo, de almeja y de lenguado. Algo de centolla virgen, de jamón de Virginia y de *Fondue Bourguignonne*.

Así, mi boda no fue sólo esa sobria alegría que embarga a los enamorados. Fue, además, la promesa de deleites infinitos a la sombra de un cebiche de ancocos.

Cuatro años pasaron hasta mi primera y siempre postergada expedición a Pacasmayo. Por entonces, mi hija Soledad ya tenía la altura de una mesa. Con semanas de anticipación se enviaron heraldos anunciando nuestro viaje. El señor Aguirre, del restaurante El Lorito, organizó batidas en la pleamar y la bajamar. Pacasmayo en pleno se aprestó a honrar la promesa de la Negra. Al fin y al cabo, los dorados moluscos eran parte de la dote matrimonial.

Mentiría si digo que el ancoco es una bestia mitológica. Aunque no dejo de tener mis dudas. Sólo sé que pasó como el viento por mi plato.

Lo comí, es verdad. Sin embargo, su presencia fue la del paraíso que se esfuma en el instante mismo en que se ofrece. Un espejismo de la felicidad.

El ancoco llegaba a su fin. Y no es una metáfora. Fui, hasta donde sé, el último comensal de una especie marina en extinción. Sabor maravilloso que se guarda, con tristeza, en la memoria.

Hace una semana volví a Pacasmayo. Invitado, entre otros invitados, a celebrar los veinticinco años de la Casa de la Cultura. Y tiraron la casa por la ventana. Pintura, arqueología, conferencias, música, video y algo más en fiesta inacabable. Nada quedó al azar (o tal vez sí) y entonces fue perfecto.

La Sinfónica de Pacasmayo, fundada y atesorada por don Carlos Arbayza, relucía sus cuerdas y sus vientos. Era cosa de ver a los muchachos pulsando ese violín, a los viejos caballeros en los menesteres del oboe y del fagot. Todos los oficios, edades y colores confundidos a la orilla del mar.

Terminado el concierto, en el vestíbulo aguardaba una banda de músicos de San Pedro de Lloc. Sin mayores remilgos, Schubert, Haydn y Chopin se dieron de palmadas con los aires excelsos de un tondero.

Nadie ni nada estuvo ausente. Desde la plaza del Mercado

hasta las residencias del malecón, todos sabían que la llamada cultura puede ser algo vivo y común como el pan y que, en definitiva, no pasa por una mesa de partes en Lima.

Hay días en que siento vergüenza del Perú. En la aduana del aeropuerto sin ir muy lejos. Cuando un modesto trámite se vuelve un vía crucis en manos del hampa más inepta. Entonces estoy dispuesto a considerarme ciudadano de Nepal o Camerún. Por eso, florecimientos como el de Pacasmayo, no sólo son alegres cual una cerveza helada en el verano, sino que nos devuelven la patria oculta (y a veces invisible).

El ancoco murió. El amor de la Negra es eterno. Veo las luces bamboleándose en la punta del muelle construido por el presidente Balta. Puedo imaginar los grandes vapores trasatlánticos con sus cargas de azúcar y de arroz. El tren pitando. Igual como en los tiempos en que Pacasmayo, amén de bello, era uno de los puertos más ricos del Perú.

LA METRA

Desde hace algunos meses, se me ha dado por la meditación trascendental. Claro que no es algo que se pueda considerar transcendental a todo meter. Ni uno de esos raptos que llevan, como por un tubo, al corazón mismo del Nirvana. Pero no deja de tener su gracia.

Está descontado que no hay nada de espectacular en mi recogimiento. Quien, ignorante, espere ver algunos signos de levitación u otro prodigio cualquiera, espera mal. Esta meditación es, al fin y al cabo, de una apariencia bastante ordinaria. Y el ojo poco ducho puede confundirla con el cabeceo o el bostezo.

Con frecuencia, la gente identifica una vida dedicada a la metra (meditación trascendental) con la alimentación vegetariana o la abstinencia sexual. Nada más errado.

Para empezar, mis sesiones son desordenadas y no implican ninguna dieta. Además, mi desconocimiento en lo tocante a religiones orientales, me descalifica ante los talentos de aquellos que creen que sólo puede meditarse sentado en posición de loto, con el cráneo rapado y una túnica de color azafrán.

El principio y el fin reposan en el silencio. No un silencio definitivo, que siempre es antipático. Sino algo llevadero. Por ejemplo, acepto los ruidos del vecindario (trompetas de heladeros, criaturas berreando o dando muerte a sus progenitores) pero, valgan las verdades, le tengo terror a los ruidos ecológicos.

He de admitir que detesto el leve (y gracioso) golpeteo de una hoja cuando toca la tierra, los llamados de amor de las abejas y el viento entre las copas de los árboles. Pero detesto sobre todo el chillido auroral de las palomas precolombinas, llamadas cuculí.

Desde hace ya un buen tiempo, a la hora precisa en que este insomne varón después de patalear agarra el sueño, hay una que se posa en mi ventana y se entrega insolente a su cantar. Monótono y tristón como la vida. La tengo por enemiga personal.

Algún silencio, en cambio, es necesario para bucear entre los recovecos más hondos de mi alma (repleta de sutras y mandalas). Y entonces me dedico sin tapujos a la meditación trascendental. Aunque a veces, lo admito, se me escapa la metra y me quedo dormido como un chancho.

En ese caso, a diferencia de El Bosco (siglo XVI) o los grandes del surrealismo (comienzos del siglo XX) el estado onírico no me aporta ningún universo maravilloso, sino unos cuantos sueños idiotas. Siendo el ya clásico aquel donde navego en un avión de tela y sobrevuelo, lleno de entusiasmo, entre los ficus más coposos de mi barrio. Verdes, inmensos, repletos de gusanos peludos y negros como un oso con ojos carmesí. Y desciendo así a los infiernos sin hacer mucha bulla. Despacito.

UNA CASITA CON VISTA AL MAR

La vivienda de Robinson Crusoe era una maravilla, pero la del Robinson Suizo (Wyss, 1813) era perfecta. No sólo era una casa construida con palos y troncos y hojas de palmera, sino que se hallaba a 10 metros del suelo, sobre la copa gigantesca de un ombú (o tal vez un árbol de pan). La austeridad metafísica del héroe de Defoe tenía los límites de una huraña choza a la orilla del mar, mientras que la imaginación doméstica y burguesa del helvético Wyss dotó a su casa de recovecos, escaleras, plataformas volantes y un intrincado sistema de seguridad contra los salvajes y las fieras. Ese refugio fue sin duda la ilusión más alegre de mi infancia, y de todas las edades de mi vida.

(Otros niños, lectores de Lulú, tenían como modelo al club de Tobi. Una suerte de perrera en donde el rubicundo y gordinflón personaje daba rienda suelta a sus berrinches de gringo suburbano.)

Mis primeros pininos de arquitecto los hice resignado, a falta de un ombú, en el modesto patio de mi casa. Combinaba las sillas de la cocina con los tableros sobrantes de la mesa del comedor. Luego revestía los flancos y los techos con una vieja frazada de amenazantes tigres y una colcha de borlas. Eran estructuras frágiles, rituales como las casas de té en el Japón.

A la edad en que los jóvenes poetas se sienten en olor

de poesía, me asaltó la impostergable necesidad de poseer un santuario, calmo y oculto, para albergar mis líricas piruetas. Pensé en el altillo de Vallejo en París y en el cuarto oscuro de José María Eguren. También en el cartel que el poeta Juan Ríos solía colocar en su puerta cerrada: "No molestar: genio trabajando".

A falta de recursos, no tuve más remedio que instalarme en un cuarto de servicio en la azotea de la casa de mis padres. Armé unos libreros con tablones y ladrillos calcáreos donde, en estricta discriminación, sólo tenían cabida las obras de mis poetas favoritos. Una mesa y un banco de Surquillo completaban el cuadro. Allí escribí algunos poemas inéditos por siempre y los que aparecieron en "Destierro" y en "David".

Sobre la blanca pared principal pinté febrilmente un inmenso animal. Era un lobo verde petróleo con los ojos rojos, que iba acompañado de unos versos: Mi paso por tu corazón / así lo anuncio / huellas de piedra / colmillos, altas orejas / varas de pino / rostro guerrero / bosque de garras / hasta / el / mar.

Poco tiempo después unos amigos, entre ellos los poetas Calvo, Corcuera y Heraud, alquilamos por 120 soles mensuales una casita en la Bajada de los Baños de Barranco. Mundo feliz de recitales y jolgorios que a menudo culminaban con un chapuzón en el helado mar. La Casa de la Poesía era su nombre. Fue visitada no sólo por todos los autores de postín, incluidos Pablo Neruda y Rafael Alberti, sino por las muchachas más bellas de la época. Pero las grandes noches de vinos y de rosas no tenían lugar para el recogimiento de ese lobo estepario que entonces me habitaba.

Aunque en los años europeos que siguieron viví en apartamentos tan estrechos que por algún instante, sobre todo en los días de bruma, parecían ermitas o el cuarto (según foto) de Pound en la Liguria, volvía inevitable la codicia por el silencio infinito de los grandes maderos amarrados con cabo, las retráctiles escalas de bejucos, aquel refugio ajeno del Robinson de Wyss.

Ahora no pido casi nada. Me limito a envidiar a cada pobre diablo que posee un estudio so capa de poeta o de pintor. Creo haberme resignado, a la vera de mi medio siglo, a compartir los artes de escritor con el Nintendo de Alejandra y el rock de Soledad. Por lo demás, poseo una notable pericia para contestar el teléfono (siempre equivocado), atender a algún Testigo de Jehová y preguntar en vano quién dejó la toalla mojada en el sillón, al tiempo que doy imperturbable los últimos toques a un poema.

Debo admitir que soy el feliz propietario de una pieza donde tengo mis libros y un robusto escritorio con tablero de cuero y patas de león. Durante algunos meses, Alejandra, la menor de mis hijas, decidió inaugurar a la sombra del mentado escritorio una oficina de detectives. De modo que antes de entregarme a los oficios de la pluma, tenía que cuidarme de no aplastar la lupa y otros bienes muebles de la empresa vecina, incluida la propia locataria.

Desde hace ya un buen tiempo los bajos del escritorio están desocupados. Parece que no todo el mundo está dispuesto a compartir las incomodidades. No sé en realidad si Alejandra ha cambiado de rubro o, simplemente, como cualquier detective que se respete, ha instalado su estudio en la Quinta Avenida de Nueva York.

O AUNQUE SEA UN INFIERNO

Los cementerios, hasta en el Perú, suelen lucir membretes respetuosos. Los Jardines de la Paz, sea un ejemplo. Y el profundo respeto por los muertos es moneda común entre los vivos. Las dinásticas momias y el Señor de Sipán dan testimonio. Sin embargo, en medio de los responsos y las capillas ardientes olvidamos, con insólita frecuencia, los múltiples desplantes y maltratos que padecen en la tierra los modestos difuntos.

Desde hace una semana el reino de Bélgica está en un serio dilema. Una expedición arqueológica, que trabajaba en el pueblo valón de Fontenoy, ha descubierto por azar los restos de setenta soldados muertos durante la Guerra de la Sucesión Austriaca en 1745. Entonces cayeron unos cinco mil combatientes de los ejércitos franceses y sus enemigos los anglo-holandeses.

El gobierno belga ha anunciado que los cadáveres serán enterrados en una fosa común, a menos que los reclamen sus respectivos países. El problema es que a estas alturas es imposible determinar las nacionalidades. Pues, según los arqueólogos, no bien acabada la batalla los soldados fueron despojados de sus uniformes por los friolentos lugareños.

En Europa y los Estados Unidos hay cementerios tan grandes como una provincia destinados a los muertos de las últimas guerras mundiales y la de Vietnam. En esas interminables aveni-

123

das, trazadas con escuadra, cada una de las miles de cruces iguales, en madera pulida y pintadas de blanco, lleva un nombre, a veces el apodo, y una fecha de nacimiento y muerte. Sin embargo es sólo una ilusión. Las supuestas necrópolis no contienen cadáver alguno o, en el mejor de los casos, guardan apenas las cenizas perdidas de unos muertos ajenos.

Qué diferencia con ciertos camposantos militares de siglos anteriores. Pienso en el sombrío Cementerio Prusiano de Tempelhof. Los altos mausoleos de granito y guirnaldas de bronce no se limitan a cantar las glorias de los viejos guerreros sino que incluyen, de verdad, los respectivos restos (o el resto de los restos por lo menos).

Eso permite unas cuantas reflexiones sobre lo efímero de la belleza humana, el origen marino de la vida y las pompas mundanas. Siempre con la certeza de que la lápida corresponde en realidad a algún descalabrado que alguna vez fue de carne y hueso.

Ni qué decir de todos aquellos fallecidos en los accidentes de aviación. Los sobrantes calcinados son distribuidos en democráticas bolsas de polietileno en partes más o menos iguales y entregados a los deudos que, en muchos casos, optan por velar un ataúd vacío.

Patrimonio nacional son, además, los osarios clandestinos y los cadáveres dinamitados. Y por supuesto los usos de la Morgue de Lima, donde en cada huelga los despojos yacen en el suelo sin refrigeración y a las finales, después de un endiablado papeleo, muchos parientes aceptan cualquier cuerpo con tal de llevarse uno.

Otra manera de ofender a los difuntos es mediante el olvido. Me refiero al olvido de verdad. Y, aunque usted no lo crea, esta modalidad es exclusiva de los pulcros y apacibles japoneses, cuyo culto por las cenizas de los antepasados es fama universal. No hay familia que no conserve la memoria, en polvo, de sus padres o abuelos en algún rincón del hogar. Los ancestros participan de las fiestas o penurias de la casa. Son parte de la vida cotidiana.

Los japoneses son famosos también como grandes usuarios del ferrocarril. Los trenes shinkansen, que ruedan a 300 kilómetros por hora, unen todos los puntos de la isla. Cuando van de vacaciones, muchos viajeros, hijos o nietos amorosos al fin y al cabo, suelen llevar entre sus vituallas las urnas con los restos de sus antepasados. Ahí comienza el problema. Las oficinas de objetos perdidos de la red ferroviaria del Japón están repletas de tantas urnas como de paraguas sin dueño. Parece que en los últimos tiempos han optado por colocarles etiquetas como a los frascos de orina en los laboratorios.

Dada la lista, incompleta por cierto, de los maltratos que sufren los finados en la tierra, se vuelve imprescindible un más allá. Tanto dolor amerita algún compensatorio paraíso. O aunque sea un infierno.

LA COCINA FUTURISTA
Carne cruda a redoble de tambor

En 1909 el poeta italiano Marinetti y sus secuaces lanzan el Manifiesto Futurista. Este movimiento, anterior a Dadá, el surrealismo y el resto de los ismos, pretendió revolucionar en medio de berrinches las artes y la vida en general. Fervientes de las máquinas y la guerra, terminaron por convertirse en uno de los sustentos del fascismo.

El Manifiesto de la Cocina Futurista fue presentado, con una gran comilona, en el año 31. El Duce Mussolini declaró por esos días: *"Lamento mucho no haber podido asistir al banquete ofrecido a Marinetti, pero quiero hacer notar mi ferviente adhesión y simpatía a este gran campeón de la italianidad".*

Campeón o no, el aeropoeta (así se nombraba) Marinetti, con la complicidad del aeropintor Filla, movieron el cotarro de la península con sus laberintosas francachelas y un centenar de platos que más pertenecían a un tratado de locura que de gastronomía.

Enemigos jurados de la pasta que, según ellos, tornaba a los italianos torpes y cobardes, se prodigaron en propuestas de carne cruda, ensaladas y frutas secas que, por momentos (mejorando a las presentes), están cercanas a la *nouvelle cuisine*. Aunque un cierto animalismo (no en vano deleitaron al Duce) y una estruendosa fanfarria fueron sus ingredientes principales.

En esta edición ofrecemos, a nuestros golosos lectores, unas

126

cuantas recetas futuristas. Las hemos elegido por su relativa simplicidad y economía. En el fondo, nunca sabremos cuánto había de humor y cuánto de seriedad en estos cocineros. Sin embargo, es bueno recordar que cuando en el Manifiesto Futurista sostenían que una ametralladora era más hermosa que la Venus de Milo, lo decían en serio. Provecho. (A. C.)

Menú heroico-invernal

Los combatientes que, una tarde de enero a las tres, deben embarcarse en un camión para estar en el frente a las cuatro, o apresurarse para bombardear algunas ciudades o contraatacar los tiros enemigos, buscarán en vano, en el beso doloroso de una madre, de una esposa, de un niño, o en las cartas apasionadas, la antesala ideal para la acción.

Dedicarse a soñar es igualmente inapropiado —y peor todavía entregarse a la lectura de un libro divertido.

Que se sienten, más bien, estos combatientes a la mesa, donde les servirán un *pescado colonial a redoble de tambor* y *carne cruda desgarrada por el son de la trompeta*.

Pescado colonial a redoble de tambor

Hierva un congrio, déjelo madurar 24 horas en una salsa a base de leche, vino de rosolí, alcaparras y pimiento. Al momento de servir se abrirá para rellenarlo de dátiles en conserva y rodajas de plátano y piña. Este plato debe comerse al ritmo continuo de un tambor batiente.

Carne cruda desgarrada por el son de la trompeta

Talle en una pieza de carne de res un cubo perfecto, que será acribillado por descargas eléctricas y macerado durante 24 horas en una mezcla de ron, *cognac* y vermouth blanco. Sírvase en una cama de pimientos, pimienta gris y clara de huevos batidos. Mascar pausadamente cada trozo durante un minuto y, entre bocado y bocado, soplar una vigorosa nota de trompeta.

Como postres, se servirá a los combatientes una variedad de kakis bien maduros, granadas y naranjas de sangre. Durante la degustación se difundirá en la sala, con el auxilio de vaporizadores, los más suaves perfumes de rosa, jazmín y madreselva. Esos aromas nostálgicos y decadentes provocarán una brutal reacción de rechazo en los combatientes, que al punto se colocarán sus máscaras antigás.

Al momento de partir engullirán un *Quema-gaznate*, líquido-sólido constituido por una bola de parmesano macerado en marsala.

Menú nocturno de amor

Terraza en Capri. Agosto. La luna a pico derrama abundante leche cuajada sobre el mantel. La cocinera compacta y nalguda se bambolea con un enorme jamón sobre la fuente y se dirige a los amantes reclinados sobre unos *chaise-longues*, sin saber todavía si van a regresar a sus fatigas del lecho o inaugurar las de la mesa:

—Este jamón está hecho de un centenar de partes diferentes. Pero para suavizar y ventilar su virulencia original yo lo he dejado macerar en leche. De la verdadera leche y no de aquella, ilusoria, de la luna. ¡Coman hasta hartarse!

Los dos amantes devoran la mitad del jamón. Siguen las grandes ostras, cada una con sus once gotas de Moscatel de Siracusa vertidas en el agua de mar.

Luego un vaso de Asti Spumante. Luego el Guerrenlit. Vasta

y ya plena de luna, la cama fascinada avanza al encuentro de los amantes desde el fondo del dormitorio abierto. Ellos entrarán entonces bebiendo en un vasito un sorbo de Guerrenlit, compuesto de jugo de piña, huevo, cacao, caviar, pasta de almendra, un punto de pimienta, una pizca de nuez moscada y un clavo de olor —todo diluido en el licor Strega.

Menú táctil

El anfitrión tendrá el cuidado de procurarse, con la ayuda de los pintores futuristas Depero, Balla, Prampolini y Diulgheroff, tantos pijamas como convidados. Cada pijama recubierto de un material táctil diferente: esponja, lija, piel, hojas de aluminio, crin, alambre, cartón, seda, terciopelo, etcétera.

Cada comensal deberá, algunos minutos antes de la comida, ponerse un pijama sin que lo vean los demás. Luego todos ingresarán a una gran sala oscura y vacía: sin el recurso de la vista, elegirán rápidamente a su compañero de mesa haciendo uso de su inspiración táctil.

Una vez efectuada la elección, pasarán al comedor equipado con pequeñas mesas para dos personas. Viene el estupor ante el compañero elegido según la sensibilidad particularmente refinada de sus dedos al contacto con los materiales táctiles.

Se servirá el siguiente menú:

Ensalada polirrítmica

Los servidores se acercarán a las mesas, llevando cada uno una caja con una manivela empotrada sobre el lado izquierdo y sobre el lado derecho un plato de porcelana empotrado a media altura. En el plato, hojas de lechuga sin aliño, dátiles y pasas. Cada uno de los convidados usará su mano derecha para llevarse a la boca, sin ayuda de cubiertos, el contenido del plato, mientras que con la mano izquierda dará vueltas a la manivela. De la caja saldrá una suerte de ritmo musical. Entonces todos los servidores se entregarán, delante de las mesas, a una danza con grandes gestos geométricos hasta que los platos sean consumidos.

Alimento mágico

Se servirán unos platos de sopa no demasiado grandes, recubiertos de materiales táctiles ásperos. Hay que sostener el plato con la mano izquierda, al tiempo que con la derecha se toman unas misteriosas bolas depositadas en el interior. Las bolas, hechas de azúcar oscura y acaramelada, están rellenas con diversos elementos como, por ejemplo, frutas confitadas o pedacitos de carne cruda o ajo o puré de plátano, de modo que el comensal no puede saber por adelantado qué sabor se llevará a la boca.

Plato táctil

Se colocarán delante de cada comensal grandes platos repletos con diferentes legumbres crudas y cocidas sin sazonar. Podrán comer todo lo que quieran, pero sin usar las manos. Hundiendo la cara en el plato, la inspiración gustativa será determinada por el contacto directo con el sabor, y la consistencia de los alimentos por los labios, las mejillas, la nariz y las orejas. Cada vez que dejen de comer, los servidores vaporizarán sus rostros con perfumes de lavanda y agua de colonia.

Y ya que esta comida se basa por completo en sensaciones táctiles, los convidados deberán sobar sin interrupción las yemas de los dedos en el pijama de su vecino durante toda la sesión.

Traductor responsable: Antonio Cisneros

DE LAS CIENCIAS SOCIALES
Y (DE PASO) LA CHICHA

Para los científicos sociales, una piedra común y corriente suele contener, a menudo, un fascinante universo de especulaciones. A fin de cuentas, es el privilegio de su oficio.

Salvo excepciones, aunque de maravilla, en general tienen la pasión por escribir los libros más aburridos de la tierra. *Regionalismo en el valle de Palpa, 1925-1928. Ideología y poder: un diagnóstico provisional.*

Libros que, a mi modesto ver y entender, no llevan al jolgorio o al infarto. Y, sin embargo, allá están orondos en las librerías, ocupando el espacio de los versos de Eielson o de alguna novela de Joyce.

Este fenómeno (no lo llamaría aberración) se debe, torpezas y vanidad aparte, a que muchos científicos sociales ignoran (pese a las malas lenguas) el sentido de la oferta y la demanda. Es decir, la oferta y la demanda de verdad.

No me sorprenden, por eso, ciertos grupos dedicados a la comunicación. Monarcas de la folletería clandestina, en lenguaje cifrado y papel lustre. O, en su defecto, de plúmbeos suplementos contratados en algún cotidiano local. Lectores, cero. Proyecto, *jawohl*, cumplido.

Aún recuerdo cuando, hace años, acusaron a José María Arguedas de mal interpretar la realidad en sus novelas. Por un pelo fue librado del ostracismo (científico) social.

Oh realidad, terrible realidad. Con frecuencia se sienten sus guardianes. No, por supuesto, de aquella realidad de pacotilla que todos percibimos. Sino de alguna otra, paralela y, en caso de necesidad, inexistente.

Cual los indigenistas del pasado, aparecen también como voceros del Perú profundo. Desgarrados y telúricos enemigos del poder.

Aunque, en verdad, me cuesta concebirlos asesinados como García Lorca o Passolini. Hambreados como Vallejo. O como Salman Rushdie con su cabeza a precio.

Los imagino, más bien, terminando sus días en el lecho. O, en el mejor de los casos, víctimas de alguna depresión hormonal en la biblioteca del Smithsonian Institute.

Además, está la tentación, siempre acechante, de las pesquisas idiotas. Tal como ocurre con ciertos hombres de letras, cuando se dedican sesudos al estudio de, por ejemplo, la mala literatura colonial (o sea, casi toda).

El académico sueño del autor exclusivo y personal. Cotos de caza cerrados. Poetas anodinos que ninguno, con dos dedos de frente, se molestaría en estudiar (y menos en leer).

Por todas esas cosas y (como en el bolero) muchas más, tengo la leve impresión que la llamada cultura chicha es un invento de las ciencias sociales. Otra vez ese viejo dilema del huevo o la gallina.

Los nuevos oráculos suelen describir la chichería como una creación, urbana y marginal, de antiguos campesinos. Migrantes desterrados por el hambre, que tampoco hallan arraigo en la ciudad.

Y eso vale, según veo, para explicar el comercio ambulatorio, el pío pío, la micción callejera, el contrabando, las sectas protestantes, el desamparo y la explotación.

Lo que, en verdad, no llego a comprender es cómo las terribles carencias se vuelven, con un pase de culebra, valores culturales. Achaques destinados a tentar formidables proyectos y, claro está, más publicaciones.

Por cierto, muchos valores de la chichera marginalidad son, en el fondo, los mismos de la vieja criollada. Aquellos que más de algún científico social, con peña barranquina y otros nórdicos vicios, desprecia por limeños.

Las butifarras con carne de can, las bandas de pirañas, el ingenio de la ilegalidad, cobran ante sus ojos una luz de celajes andinos y sol de cordillera.

Ni qué decir de la música chicha. Esos zangoloteos, que el silvestre mortal podría confundir con las maromas de un torpe bailarín, adquieren los ribetes de un tratado de danza para el siglo XXI (de próxima publicación).

Las letras de estos sones que, en momentos de audacia, repiten "pío pío" (sin error) un centenar de veces, pueden conducir a los estudiosos al paroxismo. En fin.

Soplan aires de paternalismo y buen salvaje que, a veces, se entreveran con la injuriosa flema de Ferrando, el rey de los chicheros. "¡Oye primito, tú que estás en nada, ven al centro comercial de La Parada!"

INTRODUCCIÓN A TATÁN
(Guión cinematográfico)

1

La historia empieza cuando Tatán escapa de la cárcel.

Los faros de un camión iluminan una escena nocturna pero calma como un búho dormido.

La noche, por lo demás, aunque ocupa todo el espacio disponible, no tiene ningún peso sobre la ciudad.

La Vía Láctea o la Osa Mayor son sólo la garúa sobre el techo de un auto.

2

Las marquesinas doradas del Gran Teatro Venus brillan como un coro de ángeles.

Betty Di Roma & Las Cubanacán. Últimas funciones.

Un taxi azul Calypso aparece veloz.

Viene desde el fondo mismo de la noche.

Se detiene, dorado unos segundos, bajo esa luz que no le pertenece.

Desaparece otra vez entre las sombras.

3

La radio del taxi azul Calypso da cuenta de la huida de Tatán.

. El prodigioso delincuente se coló entre los guardias del presidio disfrazado de mujer.

El taxista asegura que hace tres años escapó del Panóptico convertido en un cisne volador.

La policía está furiosa y humillada (igual que un esposo, fanfarrón y cobarde, abofeteado delante de su esposa).

El fogonazo de algún poste de luz dentro del auto.

Los ojos de Betty escudriñan, y evitan a la vez, el dial de la radio. Su gesto no se puede definir.

4

Una sala de redacción. Año tercero del gobierno de Odría. La misma radio con la misma fuga. El editor se bambolea con un puro de mala calidad entre la boca. Está excitado.

El editor es un gordo despreciable. Bufa y ordena como la última emperatriz manchú bajo un palio de seda, protegida por sus guardias eunucos.

En realidad el gordo es despreciable mucho antes de ingresar en escena.·

Nadie lo amó en su infancia. Y cuando fue un muchacho, las muchachas se burlaban de él. Ahora es un canalla.

Y aunque todavía le sudan las manos cuando sueña, no es digno de ninguna compasión.

El prófugo se arroja del camión al final de una oscura alameda. Es una calle antigua y pobre. Una vía romana venida a menos.

No es fácil distinguir el rostro de un castor (el hociquillo) hundido contra un muro de tinieblas y yeso de París. Tatán desaparece.

Ahora la pantalla queda en negro. Lunes femenino de un cinema de barrio en los años 50.

Aquí es imprescindible imaginar un paisaje de Chirico. Arcadas, columnatas, esculturas, cornisas con leones. Un molino italiano (Barrios Altos) flanqueado por dos templos, en medio de una plaza inmensa y desolada.

6

¡El repórter Esso! ¡El repórter Esso!

El repórter Esso en los acantilados que caen sobre el mar. Inmensas olas pardas revientan en las piedras. Un cielo amarillento entre los pinos y un Ford en su futuro.

Los senderos conducen al repórter hasta una glorieta de tablones calados. Hay un coro de niños horrorosos dirigidos por un Hermano Marista de La Rioja o Logroño. Cantan el himno a Marcelino Champagnat.

La cámara de Hitchcock. Ramadas, palmas reales, pabellones en el Orfelinato de la Magdalena. Mejor mejora Mejoral. El repórter recuerda la dura infancia del huérfano Tatán. El ladronzuelo preso al cumplir los quince años. La mutación de un pájaro frutero en Robin Hood. Ace hace de todo (en el paquete rojo).

7

Un neón de burdel que parpadea, triplay y telarañas. Sala de redacción.

El viento se revuelve entre las aspas del Super Constellation de Panagra con los cuatro motores encendidos.

Tatán lo aborda casi a medianoche, vestido con un terno Príncipe de Gales y una corbata roja.

Aunque ha burlado a los guardias aduaneros, una bella azafata lo reconoce en la escalinata del avión.

El sereno bribón le guiña un ojo, verbigracia Errol Flynn en *El hijo del Zorro*. Ella sonríe y calla para siempre.

8

Arena blanca, mareas de turquesa, palmeras en revuelo. La piscina ondulada como las dunas en un reloj de arena: Esther Williams y sus sirenas del Caribe. Sombrillas verde Nilo, cielo azul.

Harry Belafonte canta *Matilda*. Un barman, ojos de Louis Armstrong, lleva el ritmo con una coctelera.

Ni más ni menos que una página doble de *Life* en español.

9

Primera plana: "¡Tatán en las Bahamas! ¡Tombos en bolas!".

10

Calle Las Carrozas. Tatán no puede conciliar el sueño. Se incorpora y se sienta a los pies del camastro. Un lamparín de kerosene ilumina su rostro fatigado.

El reflejo del neón de algún lejano bar parpadea en el muro y espanta a las arañas.

Alguien llama a la puerta sin mucha convicción.

EL FIN DE LA INOCENCIA

En el principio existían el joven y el bandido (y también la muchacha). Durante más de un siglo campeó la épica de los inocentes. Y todo parecía funcionar. A partir de los años 60, los héroes antiguos empezaron a ser cuestionados. Víctimas, en buena medida, de la información, las ciencias sociales y la propia realidad, han acabado por desmoronarse. No lo lamento. Sin embargo, esta crónica es, al mismo tiempo, un réquiem inevitable por mi inocente infancia.

El hombre mono & company

Cuando Edgar Rice Burroughs publicó el primer libro de *Tarzán de los monos,* en 1914, el cielo estaba sereno y las nubes en su sitio. Y aunque el personaje había sido amamantado por una gorila y se cubría apenas con un vil taparrabos, nada hacía dudar de su honorabilidad. Al fin y al cabo era el vástago perdido de un noble inglés, imperial y blanco.

El éxito fue total. A lo largo de los años, la saga completó 26 volúmenes, traducidos a 24 idiomas. Harold Foster, primero, y Brune Hogarth, después, lo convirtieron en clásico de la tira cómica. Al tiempo que Hollywood, entonces deslumbrante, lo hizo suyo en innumerables versiones. Dios mediante, el Hombre Mono fundó una familia con Jane, hija también de un caballero inglés, y el fruto de ambos llamado Boy o John.

Amén de ser veloz como un leopardo y fuerte como un león, Tarzán hablaba, con notable fluidez, todas las lenguas de los animales y nativos de Kenya y Uganda. Pero su oficio principal era, de algún modo, proteger a las partidas de ingleses que, saliendo de Nairobi y de Mombasa, se internaban en la jungla. Así no sólo los libraba de las fieras salvajes sino, y sobre todo, de los aborígenes que, salvo algunos capataces, no comprendían el avance de la civilización. Centinela involuntario del Imperio, su blanca furia no conocía límites. Y fue, en sus buenos tiempos, capaz de eliminar una tribu completa de un solo manotazo.

Nada por entonces hacía presagiar que, con el fin de las colonias, las luchas de liberación y el *black is beautiful*, terminaría por representar un triste papel. Acusado de racista y de imperialista, su estrella se opacó hasta sumirse en las tinieblas. Víctima de estos tiempos, en que el alcalde de Nueva York y todos los jefes policiales de las series de televisión son negros como la noche. La propia Thatcher condenando, aun de labios para afuera, las leyes de Pretoria, lo repudia. El fabuloso Hombre Mono ha quedado reducido a las viejas copias, en los malos horarios, de la pantalla chica.

Las historias al revés

No son muy diferentes los destinos de otros personajes que, sin gozar tal vez de tanta fama, fueron, en su momento, delicias de la folletería novelesca o de la ingenua función de matiné.

Cómo entender ahora el heroísmo en *Las cuatro plumas*. Los bravos fusileros, casaca de carmín y casco blanco, barriendo a las manadas de africanos a lomo de camello. Toda la muchachada del cine de mi barrio, corazón en la boca, en la primera línea de combate. Todos en la conquista del Sudán. Muerte a los fanáticos enemigos del Imperio, muerte al Madí. Hasta que con el tiempo, inevitable, la pólvora y el fuego se dispersan. Tan sólo queda, y es a veces triste, el mal sabor de una abusiva empresa colonial.

Y qué nos resta del antiguo postín de la Legión Extranjera. Fortalezas de adobe y la bandera francesa flameando bajo el sol inclemente del Magreb. Duros en la batalla, nobles en el amor. Sin embargo, en este mundo cruel, ni el mejor gesto de *Beau geste* los pudo redimir. Ahora los bárbaros beduinos son miembros respetables de los No Alineados. La guerra de Argelia hizo polvo el prestigio de legionarios y paracaidistas, acusados de practicar la tortura. Los emporios del Club Mediterráneo brillan sobre las ruinas de los fuertes en África del Norte.

Mueren los mitos y uno muere un poco. *Pimpinela Escarlata*, osado espadachín, ídolo de damas y muy nobles ancianos es, de pronto y apenas, un enemigo de la Revolución Francesa y de los pobres, protector de privilegios y soberbias, mercenario casi del soberano inglés.

Aunque la perla de la corona es, y se la lleva, *Gunga Din*, el alegre corneta nativo del regimiento de lanceros de Bengala. No contento con entregarse presuroso al látigo de los ingleses, salva la vida de sus verdugos con el sacrificio de la propia. Aclamado como héroe durante varias décadas, el pobre ha terminado de traidor. Un hindú del cuerpo de Cipayos, masoquista, esbirro del invasor.

El lejano Oeste

La historia se repite en las praderas y los desiertos de la vasta Unión norteamericana. Qué lejos estamos del *Oeste indómito de Búffalo Bill*, espectáculo con indios y vaqueros, presentado por William F. Cody en 1884. La puesta en escena que, además de los Estados Unidos, recorrió las principales ciudades europeas, maravillaba con sus jinetes acróbatas, laceadores, tiradores, una danza de la lluvia y hasta la secuencia (fingida por cierto) de un piel roja escalpando una cabellera.

Las aventuras del Oeste pasaron del circo a la literatura (*The Virginian* de Owen Wister aparece en 1902) y, finalmente, al cinematógrafo, John Wayne, el *cow-boy* por excelencia, debuta en 1924, al año siguiente Randolph Scott. Aunque el primer vaquero del celuloide, en 1917, fue Tom Mix. Seguirían Hopalong Cassidy, Gene Autry, Roy Rogers y muchos más.

Es la epopeya de los grandes espacios. Y, como toda epopeya, está poblada por héroes de estaturas imposibles y una sola dimensión. Los vaqueros, los indios, los pioneros, la caballería y, de vez en cuando, algunos mexicanos de frontera, se enfrentan en conflictos perfectamente maniqueos, sin matices ni asomo, por supuesto, del tan mentado universo interior.

Durante años, la épica del western se redujo al vaquero y su caballo. Verdad es que el vaquero se enredaba, contadas veces, en ciertos amoríos, pero eran asuntos sin mayor importancia. Siempre volvía a su noble animal. Alrededor, los indios arteros, con atuendo de plumas, acosaban caravanas de pioneros. Y, un poco más allá, los soldados de la caballería, siempre dispuestos a salvar la situación, minutos antes de la palabra fin. Si aparecían mexicanos, era para dormitar sentados junto a un cactus y cantar *La cucaracha* con fondo de castañuelas.

La mala conciencia de los últimos tiempos ha complicado la cosa. Los vaqueros piensan y pueden ser malvados. Los indios aparecen sin pintura de guerra y están llenos de buenos sentimientos. Más todavía si son hijos de un indio y una blanca (o al revés). La corrupción ha llegado al fuerte de la caballería y Custer es un canalla. Las familias pioneras, antaño portadoras de la Biblia, se hallan infestadas de pícaros y prostitutas. Y los mexicanos, como corresponde, se han convertido en nobles guerrilleros.

Sin novedad en el frente

El paso de ganso, la cruz gamada y los cascos de hierro de los nazis dieron pie a innumerables películas de guerra. También los japoneses en los atolones del Pacífico, arrojándose suicidas en sus aviones al grito de *banzai*. La Segunda Guerra ha durado en la pantalla muchos más años que en la realidad. Pero todo toca a su fin.

A la larga, no fueron derrotados por la resistencia francesa, los Spitfire o los infantes de marina, sino por el tiempo, las conveniencias de la guerra fría y los usos y abusos del mercado. De la prusiana disciplina no queda casi nada. Ahora los alemanes toman vacaciones hasta de tres meses y hacen más turismo que ninguno. Ayudan a los pobres, son pacifistas, ecologistas y, para colmo, vegetarianos. Los antiguos fanáticos del Sol Naciente representan el refinamiento y la paz interior. Sony, Mitsubishi, National, Toyota son el anuncio del siglo XXI, mientras florecen ikebanas y origamis.

En los años 50, el ecran se pobló de los ladinos rojos. Eran terribles, con eternos uniformes de invierno, altas botas, grandes gorros y abrigos de piel. El oso ruso, en suma. Derrotados por los campeones de la democracia, una y otra vez, volvían al ataque en el cine, las historietas, la televisión. Su afán por el dominio del planeta no tenía reposo. Y, sin embargo, la cortina de hierro también se ha hecho añicos.

La *perestroika* y el *glasnot*, cual un fantasma que recorre Europa, son una inevitable realidad. En qué resquicio del muro de Berlín podrán intercambiar sus prisioneros la KGB y la CIA, si ya no existe el muro de Berlín. Dónde la esquina oscura de Budapest o Praga para acoger a los conspiradores. La serie *Amerika* (con k) carece de sentido, Siberia es una playa tropical. Apenas queda el Oriente Express. En medio de la oferta y la demanda, otro mito ha llegado a su fin. Y se prenden las luces de la sala.

LA BAILARINA LOCA
o el amor de Manco Cápac

Don Fernando Tovar nunca subió a las tablas, pero fue un hombre de teatro todos los días de su vida. Para los muchachitos que, hace más de treinta años, acudíamos a la vieja casona de la calle Portugal, era un deleite escuchar sus recuerdos de algún estreno de Pirandello en Roma o la descripción minuciosa de los juegos de luces del Teatro Colón de Buenos Aires. Tertulias de media mañana, que a menudo terminaban en un pastel de carne con puré de espinacas.

Algunas veces, poseído por sus propias palabras, entraba en trance. Y entonces veíamos transformarse a esa mole de 90 kilos en La Argentinita, Margarita Xirgu o Tórtola Valencia. Castañuelas chasqueadas entre dientes y lengua, algún gesto final de Bernarda Alba o el juego de las manos javanesas en un baile ritual. Don Fernando era ridículo y sublime.

En los años sucesivos, mal que bien, mucho he leído sobre las glorias de la Xirgu y, un poco al desgaire, pude comprobar que La Argentinita de veras existió. De Tórtola Valencia nunca supe nada. Hasta hace una semana. Hojeando una vieja revista española, me enteré que el año pasado se conmemoraba un siglo de su nacimiento, en Sevilla, el 18 de junio de 1882.

Según Gabriel d'Annunzio, sólo Tórtola y Eleonora Duce eran dueñas de manos que sabían hablar. Para Ramón del Valle Inclán era el único poema viviente de su tiempo. Exótica de alma

145

y cuerpo (*ethnics* hoy dirían) creó un universo alimentado, sin mencionar su infinito talento natural, por las danzas de árabes e hindúes, en cuyos territorios pasó largas temporadas de religioso aprendizaje. *"Estudio todas las razas, me identifico con sus costumbres y trato de descubrir su alma."* Tórtola practicó el budismo buena parte de su vida. De paso, los amores licenciosos.

Danzante de genio, alternaba sus irrepetibles y, con frecuencia, escandalosas improvisaciones con el rigor del Düsseldorf Ensemble, los Ballets Rusos de Diághilev o el Century Theatre de Nueva York. Fue amada por Gog y por Magog. La reina Eugenia Victoria auspició algunas de sus apoteósicas giras, bandera española, entre ellas la de 1921, que duró tres años, por toda América Latina, continente con el cual tuvo mucho que ver.

El 12 de junio de 1930, ante el estupor de sus admiradores, Tórtola Valencia abandona la danza a la edad de 48 años. Fue en la ciudad de Guayaquil. Días antes, su hija adoptiva, Ángeles, había caído gravemente enferma cuando ambas se hallaban en Quito.

«Me puse a rezar de rodillas —relata Tórtola al diario *Solidaridad Nacional* de Madrid, ya vieja, en el 51— *prometiendo echar por la borda mi carrera artística a cambio de la vida de la niña. A las tres de la mañana, el criado indio que dormía a la puerta de mi habitación, llamó y me dijo: "Va a subir el maestro enseguida". Era el cocinero de la casa, otro indio.»*

Aquí la bailarina se enreda esotérica, aunque con mucha gracia, sobre una historia de fogatas y conejos: algún ritual que, sospecho, tiene toda la traza de un buen pase andino de cuy. Y Ángeles fue curada. Tórtola, fiel a su pacto, dejó al mundo sin su danza para siempre.

Amén de ser la reencarnación de alguna nubia egipcia, las siete almas de Vishnu, una odalisca persa y las innumerables vidas anteriores de bailarinas árabes, hebreas, rusas, gitanas o siamesas, Tórtola también tenía una profunda vocación americana.

En setiembre de 1916, zarpa en gira para América del sur y actúa en diversas ciudades del Perú, Chile y Argentina. *«América fue siempre algo sagrado para mí. Debí ser americana en otra generación. Cuando me miro, me veo incaica en la frente y en la expresión de los ojos.»* Y añade, al cronista de *El Mercurio*: *«Mi cara es gitana cuando quiero, es india y es árabe»*.

Su amor por estas tierras sería recompensado con largueza durante una nueva temporada en el Perú, en 1921, no tanto por la Orden del Sol que le es conferida por el carnavalesco presidente Augusto B. Leguía, sino por un encuentro tan insólito como fantasioso que, sin embargo, ella lo tuvo por real hasta su muerte, en la calle Mayor de Sarriá de Barcelona el 13 de febrero de 1955.

En Lima fue aclamada con delirio y se convirtió, al mismo tiempo, en la musa ineludible de los jóvenes intelectuales del grupo Colónida. Los mismos muchachos que unos meses antes habían propiciado con otra bailarina, la rusa Norah Ruskaya, un blasfemo espectáculo en el cementerio Presbítero Maestro. Alumbrados con antorchas, y mientras un violín rasgaba la *Marcha fúnebre* de Saint-Sens, esa noche Abraham Valdelomar, Federico More y José Carlos Mariátegui, entre otros palmotearon al ritmo de los improvisados pasos de la Ruskaya. Los mojigatos de la época pusieron el grito en el cielo y la cosa llegó hasta el Congreso.

Lo que aconteció con Tórtola Valencia fue, aunque menos político, más espectacular. Si creemos en sus palabras. Exótica y locuaz, no había gira en que la portentosa danzarina no atrajese la atención del público y la prensa con extrañas historias que eran publicadas sin dudas ni murmuraciones. Una vez fue condenada a muerte por un príncipe hindú, para que ningún mortal volviese a ver sus danzas. Otra vez, se libró del puñal de un santón en Egipto con algún sortilegio.

En el Perú, no faltaba más, tuvo una suerte de tanático idilio con el gran Manco Cápac (o Manko Kapatk). Así relata su quimera en *El correo de Asturias:*

«Estaba yo en Lima, con un grupo de jóvenes intelectuales que me propusieron bailar la danza de los Incas, propia de aquellas tribus salvajes que aún viven en los valles de los Andes. Como yo no había jamás ejecutado aquella danza, tuve el capricho de aprenderla y me dispuse a preparar una expedición. Hiciéronme ver el peligro que suponía la realización de mi propósito, pero yo no cejé. ¿No hay valientes que me sigan? grité, y un grupo de muchachos animosos conformó conmigo la caravana.

«Durante el viaje de nueve días, al cabo de los cuales tropezamos con la tribu de Manko Kapatk, una de las más feroces que pueblan esas lejanas tierras. ¿Qué sucedió? Que vino sobre nosotros la tribu, y antes de media hora éramos todos prisioneros. Pues bien, la primera víctima iba a ser yo. Manko quería abrasarme en una hoguera monstruosa. ¡Adiós danzas! ¡Adiós arte! ¡Adiós España! ¡Aquí acabó Tórtola! Pero tuve una inspiración: ¿Y si yo danzara delante de Manko Kapatk?

«El día de mi sacrificio, en presencia de la tribu, ante Manko, realicé mi propósito. Me desnudé de medio cuerpo y, descalza, ejecuté una danza extraña, que yo creaba en aquellos momentos como impulso de una inspiración que iluminaba todas mis entrañas. El efecto fue sorprendente. Manko dio un grito, que fue el de mi libertad y el de mis compañeros. Rendido a mis pies, quiso retenerme luego. Le rogué que fuera a Lima a visitarme, y partimos escoltados durante dos días por la tribu.

«Lo más absurdo es que se me presentó Manko en el Teatro de Lima. Pero no aquel Manko de pelo rojo, largo hasta los hombros, adornado de plumas. No aquel Manko adornado de pieles exóticas, sino un señor con el pelo recortadito, camisa de pechera y un frac con arreglo al último figurín. ¡Adiós mis ilusiones!

«Como yo lo hubiera querido vestido de piel roja, reprochéle su mal gusto y llaméle cursi hasta que enrojeció. El pobre reyezuelo

se marchó abatidísimo. Al día siguiente, montado en un brioso caballo, se lanzó a galope sobre un lago y, de un solo tajo, se abrió el vientre. Vi el círculo rojo en medio del lago, como una gigantesca amapola. ¡Pobre Manko!»

Tórtola era mentirosa, pero perfecta.

CÓMO COMPRAR UN GATO
EN EL MERCADO

 Los *best-sellers* suelen ser obras de éxito fastuoso y corta duración. Como buena parte de las novelas del llamado *boom* latinoamericano o, en el peor de los casos, como ciertos libros de pacotilla, flor de publicidad, destinados a las almas poco alertas, es decir casi todas. Duran lo que dura un verano o dos.

Los clásicos son, más bien, los textos eternos. Nadie se los arrebata en los comercios y reposan en las bibliotecas o en las buenas conciencias. Pocos los leen pero todos los citan con primor. El Quijote, la Biblia, la Divina Comedia, la Guerra de las Galias, por ejemplo.

Unos meses atrás, en una soleada librería del sur de California, me topé con el *T'ung Shu*.

Su carátula roja cual la puerta de un chifa o un paquete de cohetones, lucía un cintillo: "El *best-seller* más antiguo del mundo".

Hace 1,200 años que, en cada primavera aparece una nueva edición del *T'ung Shu*. Deleite clásico de las familias chinas desde Pekín hasta Singapur. Cerca de 40 millones de ejemplares cada vez.

El libro es, en realidad, un almanaque. Como en su época lo fueron el de Sal de Uvas Picot o el de Ross, sucedidos malamente por esa pálida publicación de Selecciones. Magia, religión, literatura. Confucio y el Tao. Consejos cotidianos, recetas, santorales. La vida en suma.

En estos tiempos, ante el letargo o muerte de los oráculos, he decidido atar mis tristes días a los designios del *T'ung Shu*. Que amén de sabrosa lectura ofrece, cómo no, sabiduría.

Un muchacho y una vaca son el símbolo de la primavera, con lo que abre el libro. Y primero viene lo primero. Instrucciones para confeccionar, sobre papel de arroz, ese modelo primaveral. La vaca tiene 4 pies de altura y 8 de largo. Su cabeza es verde claro, el lomo amarillo, la barriga blanca, cuernos, orejas y cola de color verde oscuro, las ancas rojas. Siempre lleva el hocico cerrado. El joven vaquero tiene 3 pies y 6 pulgadas de altura y se llama Meng Shen.

El almanaque abunda en útiles consejos. Cómo reconocer, por ejemplo, un gato de calidad en el mercado. El mejor gato debe tener el cuerpo corto, ojos seductores y una larga cola. Su expresión, la del tigre feroz. Sus uñas deben servirle para clavarse en las tejas de piedra. Y su maullido ha de ser tan poderoso que las ratas mueran con sólo oírlo.

El gato malo, en cambio, tiene el cuerpo largo. Es callejero, perezoso y mata a las gallinas. Además, no es conveniente comprar ningún felino, bajo las estrellas Tin Kau, Yeut Yim, Yan Kag, Pei Ma Sark que, sin embargo, son al mismo tiempo las más propicias para contraer matrimonio.

Hay una guía para el manejo del hogar donde Buda, Confucio, el Tao y el gran lugar común se dan la mano. Hay que levantarse con el sol y acostarse con el crepúsculo. Barrer bien el patio y el interior de la morada. Cerrar con candado puertas y ventanas al caer la noche.

Los preceptos de conducta son más trejos. Ante un vecino que ha caído en necesidad, hay que ser generosos con comida abundante y consuelo. De modo que, en los días de infortunio, podamos esperar la misma caridad.

Así los sirvientes deben ser bien tratados. No sea que algún día, encumbrados por la fortuna, nos hagan pasar la vergüenza del maltrato en sus manos de antiguo sirviente. Toma y daca es el juego.

Por lo demás, nunca hay que emplear sirvientes bien parecidos. Ni permitir que la esposa se maquille. Aun en nuestra ausencia sus conductas tienen que ser delicadas. No deben olvidar que, los ancestros, aunque muertos en cuerpo, están siempre presentes en la casa.

Hay que evitar la compañía de los jóvenes. Sólo causan problemas y tribulaciones. Charlar con ellos en la calle es perder el tiempo. La compañía de los ancianos, en cambio, nos llenará de sabiduría y gozo.

Y siguen muchas páginas con instrucciones para el comercio, el amor, la convivencia. "Si estás feliz no lo demuestres, deja que tus vecinos te crean en congoja." Hasta el consejo final, de un dramatismo incontestable: "Si colapsa el país, te quedarás sin casa".

La sección de remedios hogareños es, claro está, imprescindible. Aparte de las hierbas, el *T'ung Shu* ofrece un sinfín de encantamientos. Lejos del pase del cuy o del huevo, la milenaria China reposa sobre la escritura. Es cosa de pintar los ideogramas que nombran la enfermedad sobre un papel rojo y luego hacerlo arder. El humo es beneficioso para los males del corazón y los pulmones. En el caso de hígado o estómago, hay que disolver las cenizas en un tazón de agua y beberlas sin respirar.

Los zumbidos en el oído se hallan plenos también de significados. En la oreja izquierda, llamado Tzu, quiere decir que alguien nos ofrecerá un banquete. En la oreja derecha, llamado Wei, nos anuncia la inminente visita de un monje con ansias de conversar. Si el Wei es a medianoche, entonces llamado Hsu, caeremos en la bancarrota. Si el Tzu, en este caso Shen, sucede en el último día de otoño, la muerte llama a la puerta.

HOMENAJE A LO CRUDO

Cito a Lévi-Strauss en su famoso libro *Lo crudo y lo cocido:* "las tribus de Sudamérica entre las cuales trabajé tenían hábitos culinarios en extremo toscos, que no me atrevería a llamar recetas, limitados como estaban prácticamente a materiales crudos". Para el antropólogo francés, el paso de los alimentos por el fuego es signo inconfundible de civilización.

La muy noble tradición del alimento librado de las llamas, mal le pese al doctor Lévi-Strauss, no por antigua es menos refinada. Ahí están las exclusivas carnes a la tártara para dar testimonio. Pulpa cruda, cremosa y encarnada de los lomos más finos, mortificada apenas con algún aderezo de cebollas y huevos reventados (y crudos, por supuesto).

Sin mencionar los *carpacci*, venidos de La Spezia y Portofino, cuyas láminas de vaca o de pescado sólo saben de aceite y alcaparras. O los patos apenas macerados de París. Ciertos jamones crudos. El levísimo toque de agua hervida en el *shabu-shabu* japonés, hecho con res de Kobe. La *Fondue Bourguignonne*, la marmita mongola, las varias formas de escaldar ciertas fibras sin afectar la pulpa más perfecta en carne viva.

2

Dejemos de lado, por ahora, los seres de la tierra. Volvamos al origen de la vida que se agita en las aguas del proceloso mar. Ahí la naturaleza ha sido pródiga en bellos animales que no requieren casi de miramientos para pasar del reino de los vivos al plato familiar.

A su manera, el limeño Manuel Atanasio Fuentes, en una crónica de 1866, arremete también contra un crudo de crudos, el virtuoso cebiche. "Las comidas eminentemente nacionales son los picantes que con tanto placer saborea la plebe [...] pero el picante más picante, el que más lágrimas arranca (después de los celos) es el *seviche*."

Sin embargo, a pesar de su tirria y al desgaire, nos deja la primera receta escrita del platillo en cuestión. "Consiste en pedazos menudos de pescado o camarones que se echan en zumo de naranjas agrias, con mucho ají y sal; se conservan así por algunas horas hasta que el pescado se impregna de ají y casi se cuece por el acción cáustica de este y del agrio de la naranja."

A principios de siglo, el viajero holandés Eugene Hammel recoge otra receta en la caleta de Matacaballo, desierto de Sechura. Sin hacerle tantos ascos al ají, incorpora además rodajas de cebolla, papas cocidas y una mazorca de maíz (llamada choclo). El preparado debe reposar por lo menos 5 horas en una fuente cubierta. Esto último es imprescindible. Pues según dice Hammel (que dice su informante) los vapores del pescado producen ceguera.

3

Los peruanos suelen decir, con manifiesta inquina hacia el Creador, que Dios es peruano. Y viven convencidos, de la misma manera, que el cebiche es patrimonio exclusivo de esta triste nación.

Sin embargo, con variantes más o menos, el pescado y otros frutos de mar macerados con vinagre, mostaza, limón, son desde hace siglos parte de la gastronomía común a muchos pueblos que habitan el Pacífico. Chile, Ecuador, Nicaragua y México, entre los americanos. En el Asia, Japón, Tailandia y Filipinas sobre todo. En la vasta Oceanía, innumerables islas.

Claro que, hablando de cebiches, lo cortés no quita lo valiente. A diferencia de la preparación peruana, nuestros vecinos tienen por costumbre recocinar el pescado que, con la excepción del de Chile, pertenece en general a especies poco dignas de los linajes del sur. Largas horas de timorato reposo entre el limón producen alimentos insípidos y fofos.

La otra diferencia, que consagra la idea del origen divino del cebiche peruano, está en los agregados. Las magníficas conchas negras de Ecuador son anegadas en salsa de catchup. Nicas y mexicanos incorporan tomatillos y paltas y, en el colmo, pedazos de tortilla de maíz. Una mayonesa densa y aceitosa acompaña al cebiche chileno.

4

La madre del cordero de estas y otras versiones tan mal afortunadas se halla en el espanto por lo crudo. Una corvina embrutecida por el limón y entomatada es apenas un guiso vergonzante. El ocultamiento de la naturaleza radiante del animal.

Por eso el pescado debe ser, sino recién izado de la mar, fresco como una fruta. En ese caso, un reposo de pocos minutos en el jugo del cítrico es más que suficiente. En la caleta de Santa Rosa, por ejemplo, o en la posada de Javier Wong Calvo, en Balconcillo, no hay lapso entre trozar un buen lenguado y someterlo al diente.

El cebiche, con todas las de la ley, proviene del norte. Un pescado (casi pez) blanco y firme, una cama delgada de limón, un suspiro de ajo, sal, ají limo sin vena (sus pieles amarillas, púrpuras y rojas), unas cuantas astillas de cebolla. Veinte minutos entre la cama de limón, en el peor de los casos.

Yucas, camotes, choclos, lechugas son opcionales. De ningún modo parte del manjar. Está demás decir que esas montañas de estúpida cebolla recién cortada, los rocotos, el apio, el perejil, el culantro y otros usos bastardos nada tienen que ver con el cebiche. Por lo menos, con el cebiche creado por Dios.

5

La existencia del *sashimi* japonés es otra prueba palpable (y comestible) de las endebles razones del señor Lévi-Strauss. Este despliegue de los frutos del mar en su crudeza, jamás ha requerido del vil fuego para acceder a todo su esplendor.

Por el contrario, si los ritos del frito o del asado fuesen patente de civilización, en qué pie quedarían las modestas cocinas de los grandes países ganaderos (verbigracia Australia y Argentina) donde, sin mayor sabiduría, viajan las carnes del corral a la mesa, pasando por la infamia del fogón.

En el *sashimi* se ofrecen láminas transparentes de atún (o bonito para el caso), chanque, lenguado, pulpo, calamar, sin aderezo alguno. El aliño no viene incorporado a los mariscos y consiste, además de las algas y el rábano encurtido, en un siyau dulcete y una fuerte mostaza, el *wasabi*, que asumen levemente las exigencias de la maceración.

Última historia. El *fugu*, pescado invernal del golfo de Hiroshima, es el más caro y apreciado de los frutos de mar. Animal metafísico que, por supuesto, se consume crudo y en donde los placeres merodean la muerte.

Las menudencias de este pez, principalmente el hígado, contienen un veneno mortal que termina por impregnar ciertas regiones de su exquisita carne. El corte de los filetes pasa, en general, por la mano de expertos diplomados y responsables ante el Estado japonés. Sin embargo, fuera de los restaurantes, no faltan los audaces que lo preparan por su cuenta y riesgo. Aquí, como los diestros en la fiesta brava, el gastrónomo se enfrenta, en cada plato, a su destino final. Triunfo del crudo sobre lo cocido.

LAS DOCE SEMANAS
DEL BUEN SALVAJE

SEMANA 1

Domingo

En mi barrio, como en todos los barrios, vive una loca. Es una señora sesentona, ataviada siempre con una suerte de batín floreado que habita, nada menos, en la misma casa donde pasé mi infancia. Tal vez por ese detalle la he considerado, más que simple vecina, una pariente lejana.

Nunca ha hecho daño a nadie y su locura consiste en barrer las veredas de sol a sol, pasar un trapo empapado por las rejas y el muro que rodean su pequeño jardín y, por supuesto, pelearse a gritos con el barrendero del municipio por gajes del oficio. Algunas pocas veces, llevada por su celo, ataca con un plumero a los transeúntes que al parecer no cubren los requisitos de limpieza.

Siempre la he tenido por digna de compasión. Hasta ayer. Hoy domingo, al curiosear el día desde mi balcón, he descubierto que el árbol más grande de la cuadra ha desaparecido. Un jacarandá que hace cuarenta años fue sembrado por mi padre en la puerta de casa. La loca, en su delirio profiláctico, contrató anoche a unos malhechores para que lo corten de raíz. Esa señora del batín floreado es, desde ahora, tan sólo una demente despreciable.

Lunes

El periódico trae un comentario sobre la muerte de Joseph Mankiewicz a los ochenta y tres años. Guionista de Vidor, Cukor y Lang, dirigió en la década de los 50 *Eva al desnudo*, un clásico del cine actuado nada menos que por Bette Davis, Anne Baxter y Marilyn Monroe. En la misma nota se menciona, de refilón, a su hermano Herman. Otro portentoso libretista.

Herman Mankiewicz fue, en realidad, el verdadero y único autor del mejor guión de la historia del cine: *El ciudadano Kane*. Secreto a voces que el genial Orson Welles llevó toda su vida clavado cual espina en la garganta y que, aún en nuestros días, ninguno pretende recordar.

A veces las verdades son amargas. Enterarse, por ejemplo, que el buen Homero nunca escribió *La ilíada* y *La odisea*. O que Vallejo, aunque el anodino título no invita a la codicia, jamás llamó *Poemas humanos* a su póstumo libro de poemas.

Martes

Ignoro cuán siniestro haya sido mi sueño. Sólo sé que tuvo que ver con unas arboledas, un muro de ladrillos del siglo XIX, un tranvía brillante, unas casitas (bauhaus de pacotilla) con sus ojos de buey. Nada que justifique, en buena cuenta, mi aullido de terror. Desperté, sin embargo, atolondrado, con casi 400 mg de azúcar en la sangre.

Miércoles

8:00 a.m. Chequeo de rutina en el Seguro.

No hay vuelta que darle, la humanidad siempre ha buscado su consagración a través de las frases geniales. Con frecuencia perpetuadas en letras de molde y, mejor todavía, en mármol o metal. Los peruanos, está demás decirlo, también somos parte de la humanidad. Hasta dos presidentes, que recuerde, estamparon, cual grafitti de bronce, el fuego de su numen creador en el salón internacional del Aeropuerto Jorge Chávez. Asimismo en la fachada de la Escuela de Altos Estudios Militares se exhibe la sentencia, original por cierto, de un importante general: "Las ideas se exponen, no se imponen".

Ahora creo, sin ánimos mezquinos, que han sido superados. En un marmóreo muro del Hospital Edgardo Rebagliatti hay una enorme placa hecha, a todas luces, para deslumbrarnos: "La limpieza es salud, conserva limpio tu hospital". Pero ahí no queda la cosa. A diferencia de las máximas presidenciales o la cita castrense, productos típicos del individualismo, el aporte sanitario es fruto de un trabajo colectivo: "Departamento de Servicios Generales, 01.03.85".

A este paso, uno de estos días, veremos el conspicuo "Prohibido fumar" esculpido sobre una placa de ónix y rubricado por el ministro de Salud.

Jueves

Tengo en mis manos una edición portuguesa de las *Memorias de Casanova*. En la contratapa se ofrece, como corresponde, la suma y síntesis de todo el contenido. Aunque la enjundia lusitana ha convertido el breve texto de información en una pieza literaria que bien amerita ser citada en su idioma original.

"De cama em cama, ele andou pelo mundo. Só Deus o diabo sabem quantas mulheres ele seduziu. Casanova, o maior sedutor de todos os tempos, conquistador imbatível, tinha muito succeso com as mulheres. As lendas dizem que foram 5,675 as que ele seduziu! Louras e morenas, jovens e velhas, gordas e magras, casadas e solteiras, viúvas inconsoláveis, lascivas freirinhas, mulheres misteriosas e libertinas, donzelas delicadas e inexperientes, nenhuma conseguia escapar ao fascínio de Casanova —uma verdadeira máquina de fazer amor. Seu lema era "No escuro, todas as mulheres sao iguais".

Viernes

A menudo pienso en mi padre. Murió hace más de ocho meses. Ahora tengo puesta su pijama turquesa con ribetes azules, regalo de mi hermana para sus Bodas de Oro. Mi amado padre. A pesar de la creciente ceguera y unos cuantos achaques, yo estaba convencido de su inmortalidad. Aún no entiendo cómo ese viejo robusto y socarrón fue devorado en sólo un par de meses. Y creo que él tampoco lo entendió.

Sábado

Estoy en la primera página de la última novela de Juan Carlos Onetti, *Cuando ya no importe*. Desgraciadamente debo abandonar su lectura para escribir esta columna. La próxima semana, si Dios quiere, volveremos a Onetti.

SEMANA 2

Domingo
Cielo despejado, temperatura de 26 grados a mediodía. Muy aburrido.

Lunes

Igual que hace unos meses, esta vez más discreto, otro grupo de abogados extranjeros vino a ver por la vida de Abimael Guzmán. Como los anteriores sintieron el vacío general y, carne de teatro, hicieron mutis, saliendo por el foro con destino a Miami.

Me imagino que antes de encontrarse con este lado oscuro de la luna, varios entre ellos, sino la mayoría, esperaban hallar a todo un pueblo velando día y noche por su líder mayor. Algo que al menos tuviese parecido con ese afiche (Gonzalo, bandera roja en ristre, conduciendo a las masas del Perú) que los agentes de Sendero Luminoso, y unos cuantos gringos candelejones, reparten en las grandes ciudades del hemisferio norte.

Ahora saben lo que significa un pueblo malherido, hastiado de la sangre y el terror. Los peruanos, de todo pelaje y condición, no sólo están de acuerdo con la pena perpetua de Guzmán, muchos quisieran (demasiados tal vez para mi gusto) tenerlo muerto.

Sospecho, sin embargo, que más de un abogado de esa banda (no pienso por supuesto en el gordito Heriberto Ocasio, oligofrénico a carta cabal) ha servido en otras circunstancias, y en otra latitud, causas de buena ley. Al fin y al cabo no es fácil aceptar los modos y maneras de una justicia militar sin rostro. Para eso es necesario padecer esta guerra y desear, casi a como sea, su final.

Martes

Ayer me enteré que cinco ciudadanos chinos (o japoneses) haciéndose pasar por japoneses (o chinos) pretendían ingresar con pasaportes falsos a los Estados Unidos, utilizando como trampolín el Aeropuerto Jorge Chávez del Perú.

Hoy me enteré que el rey de Tailandia se llama Bhumibol Adulyadej y su hijo, el príncipe heredero, Maha Vajiralongkorn.

De qué misterios orientales me enteraré mañana.

Miércoles

Hoy le tocaba a Onetti, Onetti ha sido postergado una vez más. Celebrando el cumpleaños de mi padre, 14 de abril, el Sporting Cristal sacó la cara (caracha, caramba, carabaya) por el pobre Perú. Un 4 a 0 en el momento exacto no es moco de pavo. ¡Salud, Cristal!

El entusiasmo, no la flojera, me obliga a citar algunos fragmentos del poeta Cisneros, también periodista por necesidad, cuando hace medio año, en esta revista, escribió una nota sobre el gran equipo de su devoción: "Yo vine al mundo, es decir al gramado, con la celeste puesta, una década después nació el Cristal. Mi padre, sus hermanos y todas las dinastías de la casa eran hinchas del Sporting Tabaco. [...] Aún recuerdo la primera noche del Sporting Cristal. Era mi equipo de siempre y no era el mismo. Usaban unas camisas de satén en vez de camisetas y el celeste había cedido al azulino. [...] Nadie en mi barrio o el colegio codiciaba la casaquilla del Cristal, de modo que yo asumí la gloria del equipo completo. [...] Aunque ahora voy poco al estadio, hay un hincha maravillado que siempre vive en mí. No he perdido la costumbre de empezar la lectura de los diarios por la última página y los programas deportivos, junto con las películas de terror inglesas, son mis favoritos en la televisión".

Jueves

Tengo metida, entre ceja y ceja, la idea de escribir alguna historia que sirva para un film sobre "Tatán", famoso delincuente de los años 50. Un personaje de polendas. Suerte de ladrón caballeroso, de impecable tenida (sin hablar del brillante incrustado en un diente) y una vida amorosa voceada por los diarios. Sus fugas de la cárcel, verdaderos derroches de ingenio, le ganaron el odio de la policía, más humillada por sus mofas que por la gravedad de sus delitos.

Elementos dramáticos no faltan. A menudo era su propio defensor en los sonados juicios (Zola + Perry Mason) y el vecindario de los Barrios Altos lo tenía por su benefactor (Robin Hood). Fue asesinado por "La China", rey del hampa en los recintos del Panóptico, ante la vista gorda y apacible de los guardias republicanos. Según dicen.

En tiempos de "Tatán", la página policial de los periódicos era eso: la página policial. Daba cuenta de las excepciones a la regla. Atracos con chaveta, austeros robos a locales deshabitados y con pata de cabra, algún cuento del tío. Los crímenes, casi siempre pasionales, se podían contar con los dedos de la mano y dejaban su estela de horror entre la gente a lo largo de un año.

Ahora la excepción es la regla. Todas las páginas de los diarios (y todas las horas de la televisión por cierto) son, de alguna manera, esa página policial de los 50.

Viernes

Mañana es fiesta. Regresa mi hijo Diego, con su esposa Bibiana, después de un año y medio de vivir en Ginebra. Que el Señor los proteja.

Sábado

Una revista belga, a partir de ingeniosos supuestos y argucias literarias, ha causado revuelo (en Bruselas al menos) sembrando serias dudas sobre la autenticidad de esa frase tan popular, casi sagrada, con la que Napoleón arengó a sus franceses en la campaña contra los mamelucos en Egipto: "Soldados, desde lo alto de esta pirámide os contemplan cuarenta siglos de historia".

La historia del Perú (según algunos) también está poblada de frases sospechosas que, gracias a los textos escolares, son tenidas por verdades rotundas como una catedral. Se trata con frecuencia de párrafos enormes, que disputan laureles a Cicerón o Shakespeare, pronunciados en los momentos más inconvenientes: el fragor de un combate o en la hora final.

De todas estas célebres sentencias hay una que, por sus particulares circunstancias, me resulta el hueso más duro de roer. La de Atahualpa, cuando cae del anda y es acorralado por los arcabuceros de Hernando De Soto en Cajamarca. Dice la historia, o la leyenda pía, que el monarca espetó a sus captores una franca verdad de perogrullo: "Usos son de la guerra vencer o ser vencido".

El inca, a no dudarlo, debió expresar tan parco pensamiento en el quechua imperial o runa simi. Y el intérprete, puesto que no existía otro a la mano, tuvo que ser el poco iluminado Felipillo. Felipillo, venido de las calientes islas del Puná, apenas balbuceaba el runa simi y casi no sabía el español.

Su infinita torpeza como intérprete causó, explica Garcilaso, el mal entendimiento entre el cura Valverde y Atahualpa. Por la misma torpeza, nunca sabremos lo que el monarca dijo en realidad. Tal vez algo más bello y enrabiado que "Usos son etcétera y etcétera".

SEMANA 3

Domingo
Después del 5.7 en la escala de Richter con epicentro probable en el mar a 100 kilómetros al noroeste de Lima, me fue imposible conciliar el sueño.

Lunes
Escrito está en la primera página de mi manual del buen diabético: "Es importante que se percate de que usted no provocó la enfermedad, no había nada que pudiera hacer para evitarla. No se enoje con usted mismo". El diabético, como el poeta, nace, no se hace.

Contundente borrón y cuenta nueva que nos redime de la culpa anterior. Ahora sé que una existencia austera y aburrida hubiese terminado, sin remedio, en este mismo mal. No hay entonces nada que lamentar de esas vigilias nocturnas y paganas. Nada, que no sea la terrible sospecha que han llegado a su fin.

Martes
El Comandante General del Ejército del Perú, Nicolás de Bari Hermoza, dice que las Fuerzas Armadas del Perú son intocables porque están más allá del bien y del mal.

Miércoles

El Comandante General de la Primera Región Militar del Perú, Howard Rodríguez, dice que el Comandante General del Ejército del Perú, Nicolás de Bari Hermosa, también es intocable y que a la larga también está más allá del bien y del mal.

Jueves

El general Víctor Malca, ministro de Defensa del Perú dice que la profundidad del mensaje del Comandante General del Ejército del Perú, Nicolás de Bari Hermoza, no ha sido captada en toda su extensión, por lo que el General Víctor Malca, ministro de Defensa del Perú, está dispuesto a concurrir a la Comisión del Congreso para explicar qué quiso decir el Comandante General del Ejército del Perú. Nicolás de Bari Hermoza, con eso de que las Fuerzas Armadas del Perú son intocables porque están más allá del bien y del mal.

Viernes

Otro día mongo. Tanques y combis hasta en la sopa.

Sábado

Ídem.

SEMANA 4

Domingo

Ni los amenazantes zafarranchos de combate (tatachín, tatachín) tan de moda por quítame estas pajas, ni los despelotes propiciados por un hache de pe dicho al desgaire o la pública (y notoria) virginidad de la constituyente Martha Chávez, han impedido celebrar a los pobres mortales el Día de la Madre.

De modo que doña América, mi señora mamá, no pudo librarse de esa entusiasta y amorosa invasión compuesta por hijos, nueras, yernos y una apreciable cantidad de nietos. Alejandra y Paloma, integrantes de esta última categoría, tuvieron a su cargo el espectáculo musical correspondiente. Que, como era de esperarse, culminó con el aplauso general y un jarrón de porcelana hecho añicos.

El plato fuerte de los festejos consistió en unos soberbios canelones con los que mi madre, año tras año, celebra a los alegres celebrantes. En honor a la verdad, aquí es donde se pierden las fronteras entre los arrebatos de la gula y el dulce amor filial.

Creo imprescindible para placer (y envidia) de mis buenos lectores brindarles la receta sin mayor dilación:

Para el relleno se prepara una salsa blanca espesa, a la que se agrega espinacas picaditas y sancochadas, un punto de nuez moscada y ralladuras de cáscara seca de limón. Esto se junta con unos trozos fritos de salchicha blanca. Los canelones se ponen en agua hirviendo, el tiempo exacto para que la pasta quede *al dente*. Hay que agregar algo de aceite a fin de que no se peguen. Luego se rellenan y se cubren con un ragú de tomate y carne molida. Se gratinan con queso parmesano en un horno de calores muy leves. El resto es sabiduría.

Lunes

He visto *Casablanca* de Michael Curtiz por enésima vez. Humphrey Bogart, el impávido propietario del Rick's Café Américain. Ingrid Bergman, bellísima y ajadamente fiel a su marido, héroe de la Resistencia. El cínico Renaud, agente de Vichy, una rata con cierta dignidad. Ugarte o Peter Lorre y sus ojos de sapo atribulado. Heinrich Strasser, el astuto Mayor de la Gestapo. Afuera, en una Casablanca de mampostería, el tráfico de visas, un par de asesinatos y la guerra mundial.

Casablanca. Una historia platónica de amor o la memoria de la felicidad perdida. "De todos los bares del mundo, de todos los bares, tenía justo que entrar en el mío", se lamenta Bogart en el primer encuentro marroquí. La pasión, había terminado años antes de que se apaguen las luces de la sala. Pertenece a otra película (en París) que nunca se filmó.

Hoy me siento romántico y patriota. Toda la jornada he canturreado *As time goes by*.

Martes

Los diabéticos deben suprimir el azúcar en su alimentación, también los tragos y las grasas saturadas, evitar las frituras, los embutidos, la pastasciutta y el crocante pan. La doctora señala, con entusiasmo, las ventajas de la dieta. "Si todas las personas sanas siguieran este régimen vivirían por muchos años más."

Desgraciado de mí, pues aunque sometido a tales privaciones, sólo puedo aspirar (con algo de fortuna) a las flacas edades de aquellos que malsanos se regodean entre los chicharrones y las doradas botellas de cerveza (y su turrón de Doña Pepa más).

Miércoles

Esa cuculí, o paloma precolombina, que hace algunos meses declaré mi enemiga personal ha vuelto a desvelarme esta madrugada.

Jueves

Otra vez. No estoy seguro si es la misma bestia. Igual es detestable.

Sábado

Sigue en la palestra el triste caso de Salman Rushdie, gran escritor hindú de lengua inglesa. Según el *Sunday Times*, ha sido condenado nuevamente, esta vez por la Corte Suprema de Yemen del Norte. (¿Cuántas veces se puede condenar a muerte al mismo muerto?)

El pecado, según el tribunal, no estriba en las dudas del autor sobre la vida pía del ardiente Mahoma, varón al fin y al cabo, sino en divulgar con alborozo que su santa mamá (y sus varias esposas) gustaban de los usos del amor. Me veo obligado a revisar El Corán.

Existe una versión muy extendida entre los ignorantes (o sea entre nosotros) que basta con velar el rostro de la mujer islámica para salvarla del pecado y, de paso, de algún errado rumbo. Nada más falso. El Corán se concentra también en partes pudibundas y aledañas.

Por otro lado, la lista de personas que pueden contemplarla en sus secretos, y gozar sin embargo de la gracia de Alá, conforma una caravana numerosa.

"Ordena a las mujeres bajar los ojos, conservar su pureza, no mostrar sus ojos sino a aquellos que deban verlos. Que tengan cubierto el seno, que no dejen ver sus rostros más que a sus padres, a sus abuelos, a sus maridos, a sus hermanos, a sus sobrinos, a sus mujeres, a sus esclavas, a los servidores que son de absoluta necesidad y a los niños que no conocen lo que debe ser cubierto. Que no crucen sus piernas de manera que puedan percibirse encantos que deben ser velados. ¡Oh fieles! Volved vuestros corazones a Dios, a fin de que seáis felices."

Ahora está claro. Medio mundo puede ver a la dama en cuestión. Salvo usted, salvo yo.

SEMANA 5

 Domingo
Entre las cosas que guardaba mi difunto padre hay una postal que mi abuelita Antuca escribió alguna vez para su madre, mi bisabuela, doña Petronila. La iluminada escena muestra a una muchachita (o un muchacho de principios del siglo) estrechando a una horrible muñeca. Todo inspira ternura.

El texto (letra y ortografía de infante) es un reclamo de amor que hace Antuca en nombre de su padre y sus hermanos. Cuánta intensidad en un instante. Qué ángel o demonio llevó la mano de la candorosa niña. Cuál era el drama que cubría de sombras esa casita de los Barrios Altos. Nunca lo sabré.

Ahora Petronila Reyes es sólo polvo en algún cuartel del Presbítero Maestro, también mi abuela. Sin embargo ahí está la postal repleta de dolor, que es la vida misma.

Lunes
Como en cada variante de estación, la neblina que sube desde el vecino mar ha invadido mi casa. No hay neblina más densa en todo el litoral. Sólo por la voz he podido diferenciar a mis hijas y casi pierdo a mi mujer.

Martes

Tengo un par de libros dedicados por un ensayista colombiano. En el más voluminoso dice "Para Antonio Cisneros por todas las estupideces que dijo el viernes". En el otro, "Para Antonio Cisneros ídem más ídem".

Queda claro que esto lo vine a descubrir, semanas después, a la vuelta de un encuentro de escritores que nos reunió en Buenos Aires el año pasado. La caligrafía de las dedicatorias es de un modelo Palmer impecable, segura y sin borrones. Nada indica un ambiente de juerga o una broma al desgaire. En algún lugar del mundo me odia un ensayista colombiano.

Alguien cuyo rostro no existe en mi memoria. ¿Será ese gordito vanidoso del Café de La Recoleta? ¿O el flaco que tosía en la primera fila cuando di un recital? ¿Alto o bajo? ¿Calvo o pelucón? ¿Cómo reconocer al enemigo? ¿En qué rincón me espera agazapado?

Además no puedo ni siquiera imaginar qué cosas dije aquel aciago viernes para ofenderlo tanto. Paso revista a mi repertorio habitual de estupideces. Las hay de toda laya, pero en el fondo son convencionales. Ninguna que desate las iras de los dioses o alguna maldición

(Leo y releo las dedicatorias. Y me sonrojo a solas, perplejo y humillado.)

Miércoles

Meddig tart az út?

(Cuánto tiempo durará la travesía?)

Jueves

A tenger erösen hullámzik.

(La mar está agitada.)

Viernes

En una ceremonia sobria y bien servida el periodista Antonio Cisneros ha sido honrado con el Premio Nacional de Periodismo Cultural. El poeta Antonio Cisneros, mala gracia, se negó a felicitarlo.

Sábado

Julio Ramón Ribeyro, gran escritor y amigo mío, es fama en mil comarcas por su prosa. Sin embargo, pocos lo conocen como excelso catador de vinos y un barman de postín. Al fin y al cabo, trentaitantos años en París no pueden agotarse entre las páginas (sin duda edificantes) de Montaigne o de Proust.

Su más reciente aporte a la humanidad es un cocktail llamado Mare Nostrum. No pretendo divulgar los secretos de su rara receta, sólo diré que un punto de licor de curazao le otorga al trago un verdiazul intenso, comparable tal vez a las aguas de Máncora.

El narrador Guillermo Niño de Guzmán y este cronista fuimos de la partida en la hora alboral del Mare Nostrum. Y testigos también de cómo ese cocktail ayudó a bien morir poco antes de la puesta del sol.

Nos hallábamos los tres (un chef, dos marmitones) entregados a las sabias y posibles combinaciones en la barra de la taberna El Acantilado, sobre el mar de Barranco. Un cielo enrojecido anunciaba el crepúsculo. De pronto, la línea del horizonte fue interrumpida por una sombra gris en la terraza.

Era una cuarentona solitaria. La mirada apacible y una cierta gordura bien llevada no podían ocultar su aspecto de suicida. Un alto vaso de gingerale descuidado sobre la mesa completaba la evidencia. Fingía hojear una revista, pero sus ojos la llevaban hasta el exacto filo del barranco. Medía la pendiente y las posibilidades de estrellarse contra algún roquedal antes de tocar las aguas. Una y otra vez. Su alma ya se hallaba en las profundidades del océano.

A cinco metros de la trágica escena el Mare Nostrum había llegado a la perfección. Quién mejor que la dama suicida para ensayar la primera copa. Se la enviamos en una bandeja de plata. Unos cuantos segundos le bastaron para reponerse de la sorpresa y la desconfianza. Brindó con sus ocasionales anfitriones, sonrió y nos volvió la espalda. El Mare Nostrum, bebido a lentos sorbos, sería su último recuerdo.

Domingo
En la misa de diez el padre Abreu pidió una oración por el alma de Mauro Mina. Yo recé un Padre Nuestro con todos los feligreses y (marista, al fin y al cabo) tres Ave Marías por mi cuenta.

Con la muerte prematura del gran boxeador algo se desploma malamente dentro de mí. Así fue cuando el orate de Park Avenue acribilló a John Lennon y Cassius Clay besó la lona por última vez. Ahora sí (a pesar de Mick Jagger haciendo el muchachón) no queda ni el recuerdo de los años 60. Esa década prodigiosa, como suelen llamarla quienes no la vivieron.

Lunes
Con frecuencia se propicia encuestas idiotas entre los escritores. Si usted estuviera solo en una isla ¿qué libro llevaría? Las respuestas, más idiotas aún (y siempre sospechosas), son de cajón: La Biblia o El Quijote.

Pese a lo dicho, hace cosa de un año pisé el palito. La revista española *Quimera* preguntó a más de un centenar de poetas del idioma, entre los que se cuenta este cronista, cuál era, a nuestro ver y entender, el mejor poema de la lengua castellana.

La propuesta era, en principio, peregrina. Por más ajeno que pueda ser un vate a las lecturas, el que menos se ha soplado varios miles de versos a lo largo de su azarosa vida. Con qué criterios comparar entonces al Marqués de Santillana con Darío, a Góngora con Vallejo, a Luis Cernuda con Martín Adán.

El asunto no tenía ni pies ni cabeza. Sin embargo, estimulado por las lúdicas musas, decidí responder. Y, como un amigo jugador que tengo, a quien apodan el Dragón de Baden-Baden, hurgué en mi corazón y aposté todo al rojo en la ruleta.

Acabo de recibir el último número de *Quimera* con los resultados de la encuesta. Mi poca originalidad es apabullante. Parece que la mayoría de los colegas tienen también un amigo apodado el Dragón de Baden-Baden (y el mismo corazón y la misma ruleta).

De las 136 respuestas, 133 coinciden en un soneto, maravilla de maravillas, escrito en la primera mitad del siglo XVII: *Amor constante más allá de la muerte*, de Francisco de Quevedo. Los otros poemas mencionados pertenecen a Pablo Neruda, Antonio Machado y San Juan de la Cruz.

Martes

> *Cerrar podrá mis ojos la postrera*
> *sombra que me llevare el blanco día,*
> *y podrá desatar esta alma mía*
> *hora a su afán ansioso lisonjera;*
>
> *mas no de esotra parte en la ribera*
> *dejará la memoria, en donde ardía;*
> *nadar sabe mi llama la agua fría,*
> *y perder el respeto a ley severa.*
>
> *Alma a quien todo un Dios prisión ha sido,*
> *venas que humor a tanto fuego han dado,*
> *médulas que han gloriosamente ardido.*

> *su cuerpo dejarán, mas no su cuidado;*
> *serán ceniza, mas tendrán sentido;*
> *polvo serán, mas polvo enamorado.*

Miércoles

En sus recientes antimemorias, *Permiso para vivir*, mi querido amigo Alfredo Bryce me recuerda, con gran cariño por cierto, como al joven poeta que le robaron una bella corbata de seda en el bar de un hotel de La Habana. No me parece el mejor rol entre los 300 que el autor distribuye en su libro. Tampoco, el peor. En cualquier caso, es el precio de pasar a la historia.

Jueves

"Y no es únicamente el recuerdo de los terremotos que derribaron sus catedrales ni la impasibilidad del cielo sin lluvia ni la visión de aquel vasto campo de torres inclinadas, bóvedas hundidas y cruces imbricadas (como las vergas ladeadas de una flota de fragatas fondeadas en el puerto), ni sus arrabales en donde los muros de las casas se apoyan unos con otros como castillos de naipes. No son todas estas cosas las que hacen de Lima la ciudad más triste que pueda contemplarse, sino que es por su velado tono blanco, aumentando la blancura el horror de su angustia."

(Herman Melville, *Moby Dick*, 1850)

Viernes

Reflexiones sobre un plato de lomo saltado:

Yo no sé si esta carne es de vacuno. La dureza marmórea de sus trozos me hablan de una bestia fallecida en edad venerable. Pero eso no es todo. El remolino de tuétanos y nervios, las fibras erizadas, son la evidencia de alguna muerte cruel, con

un hacha sin filo, por ejemplo, en el traspatio oscuro de un ca-
mal.

Sábado
Hoy tuve un accidente con mi poderosa bicicleta china.
Culpo a la niebla y a la recesión.

SEMANA 7

 Domingo
Animales salvajes, cazadores y un alpinista congelado.

Lunes

La ojeriza que muchos peruanos le tienen a Dios, los ha llevado a decir que Dios es peruano. Por eso el Creador, indignado, ha decidido abandonarlos a su precaria suerte.

Prueba de ello es un *spot* que pasan por la televisión.

Ahora que tienen *la oportunidad*, no se les ocurre nada mejor que sentarse en el suelo, todos en fila como los guardias rojos de Lin Piao o los obreros de la National, palmoteando, mongazos, al compás de un bombo ritual japonés.

Cómo sería si no tuvieran la oportunidad.

Martes

Un amable lector de esta columna, haciendo referencia a la correspondencia epistolar entre Goethe y Schiller, me pide ("encarecidamente, ya que usted como intelectual debe tener diálogos fascinantes con otras personalidades de talento") que también dé testimonio de esos encuentros importantes (del tercer tipo) que, "con seguridad abundan a lo largo de la semana".

No puedo negarme a tanta gentileza.

El día de ayer llamé al poeta Mirko Lauer que, dicho sea de

paso, acaba de obtener la codiciada beca John Simon Guggenheim, para preguntarle cómo se escribe el nombre de ese entremés hecho con carne seca y salada de delfín (o en estos tristes tiempos de bonito) al que solemos denominar *muchame*.

Lauer me pidió una hora para efectuar las consultas pertinentes. Se la di. A la hora exacta, caballero británico, dijo que las autorizadas fuentes genovesas escribían la palabra como sigue: *musciamme*. Vocablo lígure, que a su vez viene del árabe y significa, a secas, pescado seco.

Hace un par de horas, en retribución supongo, el mismo Lauer me ha llamado para saber mi opinión, como poeta por supuesto, sobre la *vedette* Amparo Brambilla. Sin la menor animosidad, le expliqué que ante mis ojos andaba un poco subida de peso y que su danza dejaba mucho que desear. Lauer, mayéutico cual Sócrates, insistió en su pregunta. Yo en mi respuesta. *And so on.*

Nueva llamada. Esta vez del escritor Julio Ramón Ribeyro. Quiere saber si me apunto para asistir al gran show de Pepe Bárcena, *Noches de bolero*, que "será extraordinario porque es su despedida antes de viajar al Festival de La Habana". "No puedo, hermano, qué pena. Gracias." Qué pena, de verdad.

Última llamada. Guillermo Niño de Guzmán. Narrador, joven y barbado. Voz jubilosa. Anoche desbancó una mesa de ruleta en el Blue Diamond, del hotel El Condado, jugando todo al negro. Una cierta discreción me impide revelar el monto obtenido por su buena fortuna. Sólo diré, para solaz de los académicos, que equivale a 6 sueldos de San Marcos, 3 de la Católica, uno de la Lima. "Desde ahora puedes llamarme El Tigre de Montecarlo", me dijo, poco antes de colgar.

Servido, mi querido lector.

Miércoles

El éxito obtenido por un soneto del siglo XVII, hechura de Quevedo y publicado en el número anterior, me obliga a un *intermezzo* lírico. En esta ocasión reproduzco la primera estrofa ("Volverán las oscuras golondrinas / De tu balcón los nidos a colgar", etcétera) del gran romántico español (no Raphael) Gustavo Adolfo Bécquer.

Sin embargo, y como homenaje a los brasileños que derrotaremos (dije el miércoles) este viernes en Cuenca, he decidido ofrecer los populares versos en su dulce versión portuguesa:

> *Voltaráo as escuras andorinhas*
> *Na varanda seus ninhos a botar.*
> *E outra vez como a asa em tuas vidraças.*
> *Brincando chamaráo.*

Jueves

Aquí interrumpo la semana. Mañana ingreso al hospital para algunos chequeos de rutina. No sé si tengo miedo.

Durante mi ilustrada juventud no había viaje, a la sierra o al mar, donde no comprendiese en mi equipaje algunos buenos libros. Dispuesto como estaba a la meditación, solía imaginarme hecho un lobo estepario devorando, a la luz de alguna aldeana vela, los frutos de la ciencia del bien y del mal.

Aunque, valgan verdades, una vez instalado en los grandes espacios del paisaje, tiraba por la borda mis sabias intenciones y los libros volvían, como habían venido, intonsos, intocados en el fondo del viejo maletín.

Ahora otro viejo maletín asoma (¿o es el mismo?) en la puerta del closet. Además de un par de juegos de pijamas, contiene una esmerada dotación de libros y un gran atlas histórico francés. Al fin y al cabo, no hay como una larga enfermedad para emprender lecturas apacibles y algunas importantes reflexiones —dijo el doliente, sin mucha convicción.

SEMANA 8

 Jueves 1
Invitado al Coloquio de Literatura y Sociedad en la villa del Cusco, también llamada Qosqo. Un Teatro Municipal que Lima ya quisiera para un día de fiesta y un jolgorio de papas y rocotos rellenos. Los escritores estuvieron en su garbanzal y el público, maravilloso, creo que también.

El Cusco es, qué duda cabe, una de las ciudades más bellas del planeta. Cuando cae la noche (que, dicho sea de paso, no termina jamás) uno teme que todo lo vivido haya sido tan sólo un espléndido sueño. Pero no. Al llegar la mañana siguiente, ahí siguen de pie las inmensas murallas, los templos infinitos, los portales, las grandes arquerías, las plazas, los tejados y ese cielo brillante y azul.

Viernes 2
La capital de los antiguos quechuas está bien conservada y los cusqueños la guardan con amor. Sospecho, por lo poco que he visto, que la gestión de Estrada camina viento en popa (no sé si a toda vela). Por eso me preocupan ciertos desmanes del ya tradicional chauvinismo cusqueño. Una dudosa estatua del inca Pachacútec (regusto por un siglo XIX a finales del XX) nos habla de cierta vocación faraónica y fofa.

Sábado 3

Tampoco me entusiasma, francamente, esa parafernalia de banderas con los siete colores del arco iris, festivo fruto de la imaginación republicana, o el escudo dorado de un felino solar que invade la ciudad como una afirmación separatista. Por lo demás, me aterra en definitiva el discurso de algunos dignatarios sobre la reconstrucción del Tawantinsuyo y, más todavía, ese rechazo furibundo al mestizaje en donde el Inca Garcilaso de la Vega, por ejemplo, es un triste traidor.

Domingo 4

3 mil 200 metros de altura. 63 mg/dl de azúcar al mediodía y 418 mg/dl a las 10 de la noche. Hospital Regional. Salvado por la campana.

Lunes 5

¿Extirpación de idolatrías al revés? Muchas de las calles que llevaron, por centurias, sus nombres castellanos han sido bautizadas, *manu militari*, por el Municipio con términos en quechua. El pasaje Arequipa, tomen nota, se llama desde ahora *Q'aphchik'ijllau*, que en buen romance quiere decir Callejoncito. Lo malo, o lo bueno, es que la mayoría de las gentes, quechuahablantes o no, llaman a las calles por sus antiguos nombres. Hasta que se acostumbren, yo supongo.

Martes 6

Andahuaylillas y Huaro, a media hora de la ciudad del Cusco. En otros tiempos, y bajo el mismo sol, estuve en esta plaza. Eran mis días de conductor de grupos de turismo, cuando entre huelga y huelga de San Marcos (que entonces abundaban y eran largas) emprendía aventureros viajes, desde Puno hasta Iquitos, con bandas entusiastas de franceses por *Les traces des Incas* o *La route du Soleil.*

La iglesia construida en el siglo XVI es única en la tierra. Su modesta fachada, flanqueada por una bodeguita pintada a todo trapo con los blasones de la Pepsi Cola y la casona del Ayuntamiento, no permite siquiera sospechar que en esos interiores se halla el universo de las mil maravillas. Los más hermosos y delirantes frescos atiborran los muros, las columnas, los altares, las vigas del artesanado, las cornisas, el aire, el cielo raso. Ningún espacio en blanco que permita un reposo, todos los seres, posibles o imposibles, de la piedad cristiana (y otros seres) se revuelven sin tregua en el templo parroquial de Andahuaylillas.

En la capilla de Huaro hay algunos murales que me son especialmente deleitosos. Aquellos pintados por alguna suerte de Boscos indígenas y que representan los castigos del infierno. Demonios, con garrotes erizados de púas, desgarrando las tripas y los ojos de los aterrados pecadores. Sapos inmensos, mastines, alimañas cebándose, a sus anchas, en las almas perdidas. Una roja diablesa, lasciva a todas luces, devorando con sus fieros colmillos las partes más lascivas, me imagino, de un gran fornicador.

Aunque, más allá del horror, tras las lenguas de fuego y las pozas de pez y aceite hirviendo, está presente una lección moral. Otros murales lucen placenteras parejas tomándose las manos bajo algún parasol, comensales alegres, al fulgor de las velas, en mesas recargadas con fuentes de manjares y vinos de ultramar. La esencia misma de la felicidad.

Sin embargo esto no debe llevarnos al error. Se trata apenas, lisonjero espejismo, de la felicidad sobre la tierra. Unos cuentos risueños esqueletos, apostados con sus fieras guadañas, nos suelen recordar que aquellos celebrantes (ataviados, por cierto, como los señorones de Castilla) amén de ser mortales son candidatos, sin duda irremediables, a los rigores eternos de la hoguera.

"Ay de mí que ardiendo quedo / Ay que pude y ya no puedo / Ay que por siempre he de arder / Ay que a Dios nunca he de ver."

Miércoles 7

En el *to be or not to be* de Cusco o Qosqo me quedo con la duda hamletiana.

SEMANA 9

Domingo

Amén de nuestras vidas cotidianas y otras penurias, toda la semana que pasó ha estado consagrada a los grandes adioses. Milagros Hernando, estupenda amiga y Consejera cultural de la Embajada de España, ha puesto fin a sus tres años de brillante gestión entre nosotros. Querida por tirios y troyanos (aunque sospecho que más por los troyanos) los tumultuosos y alegres agasajos han estado a la orden del día (y de la noche y de la madrugada). Mila corazón.

Su destino es ahora la Misión española en el país de los checos. Lo que, dicho sea de paso, tiene muy compungido a casi un centenar de sus amigos que pueblan estos lares. "Pobre Mila, qué se va hacer en Europa Oriental." Sí pues, pobre Mila, caminando entre las calles empedradas del bellísimo barrio medieval de Praga, bebiendo la mejor cerveza del planeta a orillas del Moldava, asistiendo a los grandes conciertos o a las funciones de la Linterna Mágica, respirando a la sombra brillante de los tilos en flor de la Parisi Ulitca. Pobre Mila, tan lejos de este cielo gris, 15 kilómetros más bajo que en el resto del mundo, y el paso de las combis asesinas.

192

Lunes

Releo *La tentación del fracaso*, el diario personal de Julio Ramón Ribeyro. Ese texto del día 17 de mayo lo pude haber escrito yo.

"Envejecemos cuando nos damos cuenta de que empieza a sobrarnos un poco de pasado. Los recuerdos se acumulan y ya no sabemos qué hacer con ellos. Nuestra memoria parece tener una capacidad limitada. Vencida ésta, sobreviene el desorden, el embarazo y lo almacenado asoma a la conciencia.

"Precisamente lo que me ha impedido dormir ha sido un exceso de recuerdos. Recuerdos en cadena que comienzan en París y se prolongan hasta Lima a través de mil peripecias."

Lo pude haber escrito. Sólo que en ese tiempo Ribeyro tenía veintiocho años y yo tengo cincuenta.

Martes

La Negra, Alejandra y Soledad están en Cajamarca. Yo deambulo, como un animal acorralado, por mi departamento que de pronto ha cobrado unas dimensiones faraónicas. El camino entre el dormitorio y la cocina me parece interminable. Hay más silencio del que puedo soportar.

Miércoles

La última vez que estuve en el hospital (sólo para un examen de rutina) coincidí con mi amigo el poeta César Calvo, que se hallaba dos pisos más arriba. Y decidimos, dada nuestra proclividad por los nosocomios, escribir una novela a cuatro manos. Una novela de pacientes internos, donde nuestro único punto de vista sea el que nos brindan los vericuetos hospitalarios. Debe ser policial y realista, y no será admitido ningún personaje del mundo exterior, salvo algún visitante excepcional.

Éste es el primer párrafo: "Desde los ventanales que miran al norte, Lima es la réplica del centro financiero de una ciudad oriental más o menos moderna. Por la noche, los altos edificios brillantes y en desorden recuerdan a Hong Kong. Aunque a la luz del día no hay engaño: tiene todas las trazas de Bagdag (según la CNN) y algo también de México D.F. en unas cuantas cuadras de Insurgentes, a no ser por un par de cerros amarillos que sólo pertenecen al Perú".

Por lo demás, la novela tiene que estar destinada a convertirse en un *best-seller*. Su extensión depende, en gran medida, de cuánto se prolonguen nuestros males.

Jueves

Hace un año, a las 9 y media de la noche, murió mi padre. Todavía no lo acepto.

Viernes

Fernando Ampuero y yo hemos hecho un recorrido algo desordenado en nuestras bicicletas. El día gris y tristón no invitaba al circuito habitual por los malecones de Miraflores y Barranco. Nos internamos más bien, sin mucha convicción entre las calles de algún barrio residencial de Santa Cruz, casi tan anodino como los de San Borja.

De pronto nos topamos con un árbol. Un árbol gigantesco en medio de alguna antigua chacra, convertida en un parque vulgar. Sus sucesivos troncos entrelazados al final en una sola masa compacta tenían el aire de otro siglo. Ese diámetro de casi 4 metros podía ser el de un ombú de las pampas argentinas, pero un follaje espinoso y unas flores carnívoras de terciopelo eliminaban la posibilidad. Un árbol maravilloso. Nadie, ni los viejos jardineros, sabe su nombre.

Sábado

He recibido una llamada telefónica muy desagradable. No la quiero comentar.

Domingo
La Negra, Alejandra y Soledad volvieron anteayer de Cajamarca. Lucen bellas, bronceadas y felices. Al verlas se diría que algo han captado de aquella paz sublime de las vacas moteadas y la alegre energía del caballo de paso. Qué poco tienen que ver, por el momento, con mi meticulosa neurosis cotidiana.

En una crónica de la semana pasada lamenté, hasta las lágrimas, el silencio en que habían sumido la casa con su ausencia, el inmenso vacío de los cuartos. No me entiendo. Ahora estoy al borde de iniciarles un juicio de desahucio, parapetado en un rincón infame, cercado por mochilas, decenas de toallas empapadas, mallas de aerobics, zapatos, zapatillas, carcajadas sonoras y pandillas de rock. Demasiada alegría de vivir.

Lunes
Dado el boom de los dinosaurios, y aprestándome a toparme con alguna de esas bestias a la vuelta de la esquina, he decidido revisar mis versados manuales sobre las edades triásicas, jurásicas y cretásicas, es decir cuando los grandes saurios dominaban el planeta. Ahora sé, para reconocerlos en caso necesario, que los más pequeños (musaurio, nanosaurio) medían de la cabeza a la punta de la cola apenas 3 pulgadas y los mayores (apa-

saurio, braquisaurio) alcanzaban casi 40 metros y pesaban 30 toneladas. Lo tendré en cuenta.

Martes

A veces pienso en el terrible afán, el sueño delirante, que mucha gente alberga en lo más profundo de sus corazones de encontrarse algún día en vivo, cara a cara, con los inmensos seres admirados.

Algunos piden imposibles: dialogar de tú y vos con Leonardo Da Vinci, Napoleón, Salomé, Carlomagno, o acudir invitados a un festín de Nerón. Otros, más bien de estirpe religiosa, darían todo por una caminata en Galilea al lado de Jesús, un regodeo con Gautama el Buda o una buena charla, aunque informal, con la sufrida Santa Rosa de Lima.

Pero la mayoría aspira a las cosas tenidas por posibles (o menos imposibles para el caso). Catherine Deneuve, García Márquez, Kim Basinger, el príncipe de Asturias, Fidel Castro, Pelé, Octavio Paz.

A mí me tocó en suerte el gran premio Nobel mexicano. En aquel tiempo, año 78, el poeta Emilio Adolfo Westphalen era nuestro Agregado Cultural en México. Y aunque yo me hallaba tan sólo de paso, rumbo a California, la generosa hospitalidad de Emilio Adolfo me retuvo en su casa durante casi un mes.

Pronto fui ducho en tortillas, pozoles, chilaquiles y moles poblanos por mi absoluta cuenta, pues eran cocinas que mi anfitrión, valgan verdades, no solía frecuentar. En cambio, cual revancha contra el chile, Westphalen se esmeró en adentrarme en los grandes secretos de la *cuisine française* y los platos regionales italianos.

Hasta que un día, sin qué ni para qué, decidió presentarme a Octavio Paz. Agradecí encantado tal honor y me dispuse a sostener una tertulia, trascendental por cierto, con tan inesperado personaje. Los dioses sin embargo me habían reservado otros designios.

A Emilio Adolfo no se le ocurrió mejor idea que depositarme solo mi alma, y sin previo aviso en la casa de Paz. Eran las 10 de la mañana. La hora exacta en que no cabe ni almuerzo ni lonche ni comida ni siquiera unos tragos con qué disimular la timidez.

La hora en que el dueño de casa se halla en bata y su mujer armada de ruleros. La hora de las aspiradoras, licuadoras, batidoras y noticias radiales. La hora, en suma, en que nadie te espera con amor.

Cientochenta minutos interminables donde yo me esmeraba por mostrarle mi admiración y él por aceptarla. Nuestro diálogo puede resumirse en algunos carraspeos y mugidos poblados de sonrisas. El silencio crecía robusto como un buey.

Fué, a veces creo, la última broma surrealista del poeta Westphalen.

Miércoles

Un amigo de Malmo, Lasse Soderberg, me ha hecho llegar una revista sueca con siete poemas de este servidor. Someto uno de ellos a consideración de los lectores:

"Tidsfraga"

I.
Avtalet du ingick var dáligt, Almagro,
Inte en enda sten
I Atacamaöknen kunde du tigga bröd av
och inte guld av all dess sand.
Solens konservöppnare

blottställde dina soldater
för ett moln
av uthungrade gamar.

II.

Ar 1964,
i de skogsdjup
där dina ögon inifrán skägget
bara såg röd kaktus,
inhöstar andra gamar
metall i sådana mängder
att om hundra spanska armador
hade fraktat dem
skulle de ha lidit skeppsbrott under solen.

Jueves

Sigo empeñado en la lectura de "Tidsfraga".

Viernes

Anoche vi un video de *El acorazado Potemkin*, clásico filme
de todos los tiempos, y me aburrí como una ostra belga. Tanto,
que ni siquiera las escenas de la matanza de Odesa lograron con-
moverme. Sospecho que debo andar muy mal.

Sábado

Hoy bajé con mi poderosa bicicleta a la antigua playa de la
Pampilla. Poco después del crepúsculo y al borde de la noche.
Vistos desde la orilla, los acantilados tienen ese aire ritual de los
grandes ídolos de la isla de Pascua, sólo que son ciegos y ninguna cabeza levantada alcanza a vislumbrar su remate final. En
definitiva son monstruosos y no animan a la menor piedad.

Esa faja de cantos rodados que a duras penas se extiende junto al mar, pronto desaparecerá con la marea. También los cuerpos y las almas de Dios.

SEMANA 11

Domingo

Anoche vi una película, ya comenzada, en la televisión. No sé cómo se llama, pero sé que fue hecha en los años 60. Las ropas de colores, cierto humor, el desenfado previsible y obligatorio la denunciaban como tal.

La trama transcurría, para variar, entre el Londres de los Beatles y la deslumbrante Niza. Los personajes, para variar también, eran todos artistas y escritores o, por lo menos, cultos. Sin embargo estaban dotados de una gran sensibilidad social (alguna referencia a Biafra y otra a la Guerra de Vietnam) y tenían marcadas preferencias por el mundillo de los marginales.

Las películas de los 60 me aburren a morir y, a veces, me hacen daño. Tal vez porque a menudo esas historias me recuerdan mis vidas anteriores. Al fin y al cabo, yo también he pasado (no sé si los mejores) siete años de mi vida entre Londres y Niza. No en el oscuro umbral del polizón sin visa o el turista pacato, sino como un muchacho bienamado y feliz.

El viejo film sin nombre. Puedo reconocer cada rincón de la Promenade des Anglaises y cada bar de Kensington Street, mis barrios cotidianos y simples como un pan, convertidos en grandes imposibles, quimeras infinitas para los pobres diablos. Para los pobres diablos, como yo, en la noche de Lima y en el 30 de agosto de 1993.

Lunes

Santiago de Chile. Un Encuentro de poetas celebrando el centenario de Vicente Huidobro. Pero antes que nada, un encuentro con mi amigo de siempre, Raúl Ruiz.

Nos conocimos, muchachitos todavía, hace casi treinta años en su casa de la calle Huelén (cuadra 9 de Providencia). Él quería ser cineasta y yo poeta. Es lo que ahora somos, mal que bien. Gordo, inmenso, con los ojos saltones, ya por entonces poseía un aire ineludible a Orson Welles. Ahora Orson Welles ha encanecido y es uno de los directores más cotizados en el mundo.

Exiliado durante Pinochet, como muchos chilenos de bien, hizo sin embargo la primera (y última) sátira sobre los chilenos del exilio. Más de 30 películas suyas han sido exhibidas el año pasado en sendas retrospectivas de homenaje en París y Nueva York. Incluyendo una, en la que este cronista participó como figurante, filmada en Holanda, con actores holandeses, que hacían, nada menos, el papel de unos viejos caciques patagones.

El único film que aún no ha realizado es el mismo cuyo argumento me contó en el otoño de 1964: una historia de marinos balleneros que naufragan entre el brumoso mar de Puerto Montt y la isla de Chiloé. Y es la historia que esta noche me ha contado otra vez.

Martes

Poli Délano es un escritor de postín y, sin lugar a dudas, el único gran conocedor de la comida china en toda la república de Chile.

Por lo demás, me otorgó la soberanía absoluta sobre el terreno del Chinchorro y de paso me obsequió el Morro de Arica. De nada, para eso están los amigos.

Miércoles

Valparaíso es un anfiteatro sobre el mar, dice el lugar común, y como casi todos los lugares comunes, es verdad. Esas casas de madera y calamina pintadas con brillantes colores y los 42 funiculares que ruedan en los cerros parecen de juguete. Aunque no es necesario ver el mar para saber que estamos en un puerto. Además es la sede de la aduana más vieja del Pacífico, la Marina de Guerra y el Parlamento nacional.

Pero sobre todo, exceptuando tal vez a Buenos Aires, aquí están los mejores cafetines tangueros del planeta. Unas gordas señoras centenarias vestidas de lamé y unos gardeles sesentones, escapados a medio maquillar de algún film de Fellini, hicieron mi total felicidad.

Jueves

Valparaíso se encuentra a 22 kilómetros de Isla Negra (que no es una isla) y a unos 36 de Cartagena. En dichas caletas vivieron y murieron, respectivamente, los poetas Neruda y Huidobro. Y allá están enterrados.

En general sería recomendable que aquellos poetas aspirantes a una trascendencia continental, vayan separando su terrenito en la región. Nunca se sabe.

Viernes

El poema estrella de mis recitales durante los últimos cinco años ha sido, y de lejos, *Para hacer el amor* (cuyos nombres verdaderos, dependiendo de la edición, son *Tercer movimiento* o *Contra la flor de la canela*). No hay acto público por más caído que ande el auditorio (o el poeta) que no culmine, si no en apoteosis, en una muy respetable catarsis, ante la lectura de este poema erótico y didáctico a la vez.

En otros tiempos, los grandes favoritos fueron *Karl Marx died 1883 aged 65* y ese sobre mi divorcio llamado *Dos sobre mi matrimonio uno*. No hay nada que hacer, el soberano tiene sus preferencias.

En recientes lecturas, hay dos poemas que no tienen pierde: *Un puerto en el Pacífico* y *Perro negro* (ambos de mi último libro). En los recitales de Santiago y Valparaíso *Perro negro*, fue el animalito engreído del público.

Sábado

A pedido del público, *Perro negro:*

> *Un perro. Un prado*
> *Un perro negro sobre un gran prado verde.*
>
> *¿Es posible que en un país como este aún exista*
> *un perro negro sobre un gran prado verde?*
>
> *Un perro negro ni grande ni pequeño ni peludo*
> *ni pelado ni manso ni feroz.*
>
> *Un perro común y corriente sobre un prado ordinario.*
>
> *Un perro. Un prado.*
>
> *En este país un perro negro sobre un prado verde*
> *es cosa de maravilla y de rencor.*

SEMANA 12

 Domingo
El puente Villena, con una altura de 40 metros, es un paso obligado para los ciclistas que toman la ruta de los malecones.

Ahí tiene lugar, todos los fines de semana, un ritual de la muerte también llamado *puenting*. Por la modesta suma de 10 dólares el audaz parroquiano compra el derecho, según reza el anuncio, "a vivir una emoción diferente". Es decir, arrojarse al vacío entre el cielo y el mar.

Un grupo de jóvenes expertos se encargan, bulliciosos, de enjaezarlo con una parafernalia de coloridos cables unidos, a su vez, a un cable principal atado con nudos marineros al barandal del puente. Lo que sigue es la noche del Monte de los Olivos o los instantes previos a un sobrio hara-kiri.

En mi larga experiencia de curioso, sólo una vez he visto a un muchacho, suicida neto, arrojarse sin mayores remilgos lanzando un alarido de Tarzán. Todo el resto de la clientela vacila, duda, se arrepiente, encaramada al borde del precipicio, con el rostro sudoroso en mil tonos de verde y amarillo limón. Esa agonía voluntaria es la esencia del *puenting*.

Lunes

Los ciclistas del mediodía contamos, desde ahora, con un héroe del *puenting* en estas raudas filas: el escritor Guillermo Niño de Guzmán. Ayer domingo, ya al final de la jornada deportiva, súbitamente, sin qué ni para qué, decidió optar por el beso de la mujer araña o ese salto mortal.

Al principio, Fernando Ampuero y yo tratamos de disuadirlo aterrados. Pronto supimos que nada se puede contra una férrea voluntad. Además, y valgan verdades, tampoco insistimos porque en el fondo de nuestros corazones, como en los de todos los viandantes del puente Villena, se encuentra agazapado un sádico mirón.

"Mi cuerpo rechazaba el vacío, mi alma lo pedía", declara el inspirado ciclista y narrador. "Lo más angustioso es el momento, casi eterno, que precede a la decisión de tirarte de cabeza. Después no sientes nada, sólo ves en el fondo el mar brillante. Creo que con este simulacro he vencido al suicidio."

Martes

Un cuarto para las once de la noche. La hora en que nadie está de acuerdo ni en desacuerdo.

Miércoles

He leído por ahí que la novelista Françoise Sagan tiene un serio problema de tiroides. Reviso el Diario que escribí en el hospital durante mi estadía del verano:

Los dolientes de hipertiroides jamás reposan. Su apetito suele ser monstruoso, igual que su erotismo. Tienen los ojos desorbitados como el fondo de las botellas de cerveza o un par de huevos fritos. Padecen de calores y en un rapto de furia son capaces de estrellar a sus críos contra cualquier pared.

Entonces los internan y los atiborran de yodo radioactivo para calmarlos. Pertenecen, igual que los enfermos de diabetes, al pabellón de endocrinología. Una vez sosegados, requeridos tal vez por su mala conciencia, son personas amables y muy caritativas. Sin embargo, los diabéticos huraños por temperamento y vocación, prefieren evitarlos.

Hay una joven víctima del mal, que se la pasa moviendo la cabeza, enloquecida, dando vueltas y vueltas, ataviada con un polo raído de Inca Kola a modo de batín. A nadie se le oculta que carece de prendas interiores.

Jueves

Reviso libros y papeles preparando una charla sobre poesía norteamericana que tendré este viernes en el Banco Continental. Aquí están Pound y Eliot, los grandes patriarcas, Cummings, Williams, Lowell, Olson, entre otros santos de mi devoción. Inevitablemente voy a recalar en la generación maldita de los beatniks: Ginsberg, Corso, Kerouac, Ferllingheti. Allen Ginsberg sobre todo, agitando el cotarro de los años 60 con sus provocadoras proclamas a favor del ácido lisérgico y el sexo homosexual, con sus recitales de sutras orientales, sus cabellos revueltos y su barba de Marx.

La última vez que vi a Ginsberg, hace apenas siete años, fue en el único hotel (que recuerda a un hotel) de Managua y en un encuentro mundial de escritores. Me costó trabajo reconocerlo. Calvo, gordo, rosado y lampiño, de modales discretos y voz de tía vieja, evitando a toda costa al incansable poeta Evtushenko y sus euforias rusas. No me preguntó por Martín Adán ni el ayahuasca, sino por mi salud y la temperatura en Lima. *Fine, Allen, fine.*

Viernes

Entre las páginas de un sesudo estudio sobre T. S. Eliot he encontrado el recorte de una vieja revista con la imagen de Catherine Deneuve. En una foto maravillosa. Me mira, la miro, me mira otra vez.

Sábado

Hoy se casa Jean Paul Desmaison, segundo hijo de mi dilecto amigo Carlos Desmaison. Me pongo el terno beige y una corbata de animalitos para acudir jubiloso a la boda.

RECONOCIMIENTO

Los textos reunidos en este volumen fueron
originalmente publicados en las fuentes
citadas a continuación:

CRÓNICAS DE VIAJE
"La maldad de la señora C.": *Sí*, 27 de enero de 1991
"Un manual de Carreño milenario": *Sí*, 11 de enero de 1990
"Un tazón de té verde": *Sí*, 21 de octubre de 1990
"La canción de Akiko": *Sí*, 18 de noviembre de 1990
"Tokio blues": *Sí*, 16 de diciembre de 1990
"La poeta Machi Tawara": *Calenda*, diciembre de 1992
"El conejo de la muerte": *Sí*, 12 de agosto de 1990
"Cementerios: una visita guiada": *Sí*, 19 de agosto de 1990
"Machu Picchu" y "Souvenir": *Sí*, 9 de marzo de 1992
"Un encuentro en Rotterdam": *Vea*, diciembre de 1993
"Las historias de la calle Fulham": *Caretas*, 31 de julio de 1989
"Niños y perros en Innsbrucker Strasse":
    Lima Kurrier, diciembre de 1985
"El último dinosaurio": *Caretas*, 17 de julio de 1989
"España 82 en Amsterdam": *El Caballo Rojo*, 17 de julio de 1982
"Dos crónicas cubanas": *Sí*, 5 de marzo de 1990
"Mis hospitales favoritos": *Caretas*, 21 de agosto de 1989

CRÓNICAS DE VIEJO
"Las posadas del camino": *Vea*, n.° 12, 1993
"La máquina del tiempo": *Vea*, n.° 13, 1993
"Las damas aman a los ciclistas": *Vea*, n.° 20, 1994
"Cómo reconocer a un dinosaurio": *Vea*, n.° 14, 1993
"De la baticueva y otros versos": *Vea*, febrero de 1993
"La represión": *Debate*, setiembre-octubre de 1993

"Poesía eres tú": *Sí*, 28 de octubre de 1990
"De la tribu celeste": *Sí*, 13 de enero de 1992
"Mi abuelo, un emigrante andaluz": *Sí*, 8 de junio de 1992
"Pacasmayo mon amour": *Sí*, 14 de octubre de 1990
"La metra": *Sí*, 24 de febrero de 1992
"Una casita con vista al mar": *Sí*, 30 de marzo de 1992
"O aunque sea un infierno": *Sí*, 2 de marzo de 1992
"La cocina futurista": *Vea*, setiembre de 1992
"De las Ciencias Sociales y (de paso) la Chicha":
    Debate, julio-agosto de 1992
"Introducción a Tatán": *Vea*, n.° 9, 1993
"El fin de la inocencia": *Sí*, 8 de agosto de 1988
"La bailarina loca": *Vea*, n.° 10, 1993
"Cómo comprar un gato en el mercado":
    Sí, 7 de octubre de 1990
"Homenaje a lo crudo": *Debate*, marzo de 1994

LAS DOCE SEMANAS DEL BUEN SALVAJE
"Semana 1": *Sí*, 12 de abril de 1993
"Semana 2": *Sí*, 19 de abril de 1993
"Semana 3": *Sí*, 26 de abril de 1993
"Semana 4": *Sí*, 17 de mayo de 1993
"Semana 5": *Sí*, 31 de mayo de 1993
"Semana 6": *Sí*, 7 de junio de 1993
"Semana 7": *Sí*, 21 de junio de 1993
"Semana 8": *Sí*, 12 de julio de 1993
"Semana 9": *Sí*, 2 de agosto de 1993
"Semana 10": *Sí*, 9 de agosto de 1993
"Semana 11": *Sí*, 20 de setiembre de 1993
"Semana 12": *Sí*, 27 de setiembre de 1993

NOTICIA ACERCA DEL AUTOR

Antonio Cisneros (Lima 1942), poeta, periodista y traductor. Estudió literatura en la Universidad Católica, graduándose como doctor en Letras por la Universidad Nacional Mayor de San Marcos.

En 1967 viajó becado a Europa, en donde permaneció hasta 1971 como profesor en las Universidades de Southampton y Niza, sucesivamente. Posteriormente se ha desempeñado como profesor visitante en las Universidades de Budapest (1974-75), de Berkeley (1978), de Berlín (1984-85) y de Virginia (1996).

En Lima ha sido profesor de literatura en la universidad de San Marcos y, simultáneamente, ha desarrollado intensa actividad como periodista. Actualmente dirige y conduce el programa radial "Crónicas del oso hormiguero" que se emite diariamente a nivel nacional.

Ha publicado los siguientes libros de poesía: *Destierro* (1961); *David* (1962); *Comentarios Reales* (1964), que le valiera el Premio Nacional de Poesía; *Canto ceremonial contra un oso hormiguero* (1968), distinguido con el Premio Casa de las Américas; *Agua que no has de beber* (1971); *Como higuera en un campo de golf* (1972); *El libro de Dios y de los húngaros* (1978); *Crónica del Niño Jesús de Chilca* (1981); *Monólogo de la casta Susana* (1986); *Poesía: una historia de locos* (1989) y *Por la noche los gatos* (1989). En 1993 apareció, simultáneamente en Lima y en Madrid, su poemario *Las inmensas preguntas celestes*.

Ha publicado, también, una *Antología de la poesía inglesa contemporánea*(1975). En 1983, Casa de las Américas editó *Agua que no has de beber y otros cantos*. En 1989 aparece *Propios como ajenos: antología personal*. En 1990 publicó una selección de crónicas y artículos periodísticos bajo el título *El arte de envolver pescado*. En 1996 ha publicado una antología general de su obra poética bajo el título *Poesía reunida, 1961-1992*.

ÍNDICE

Proemio   9

CRÓNICAS DE VIAJE
La maldad de la señora C.   11
Un manual de Carreño milenario
    El imperio de los sentidos / 1   17
Un tazón de té verde
    El imperio de los sentidos / 2   20
La canción de Akiko
    El imperio de los sentidos / 3   23
Tokio blues
    El imperio de los sentidos / 4   26
La poeta Machi Tawara
    o cómo vender una ensalada en 5 millones
    de ejemplares
    El imperio de los sentidos / 5   31
El conejo de la muerte   37
Cementerios: una visita guiada   40
"Machu Picchu" y "Souvenir".   43
Un encuentro en Rotterdam   46
Las historias de la calle Fulham.   52

Niños y perros en Innsbrucker Strasse 57
El último dinosaurio 62
España 82 en Amsterdam 67
Dos crónicas cubanas 70
Mis hospitales favoritos 78

CRÓNICAS DE VIEJO
Las posadas del camino
    Ciclistas del mediodía / 1 87
La máquina del tiempo
    Ciclistas del mediodía / 2 90
Las damas aman a los ciclistas
    Ciclistas del mediodía / 3 93
Cómo reconocer a un dinosaurio 95
De la baticueva y otros versos 99
La represión
    el amor libre y el aterrado sexo 102
Poesía eres tú 105
De la tribu celeste 109
Mi abuelo, un emigrante andaluz 112
Pacasmayo mon amour 115
La metra 118
Una casita con vista al mar 120
O aunque sea un infierno 123
La cocina futurista
    Carne cruda a redoble de tambor 126
De las Ciencias Sociales y (de paso) la Chicha 131
Introducción a Tatán
    (Guión cinematográfico) 134
El fin de la inocencia 139

La bailarina loca
    o el amor de Manco Cápac.................. 145
Cómo comprar un gato en el mercado 150
Homenaje a lo crudo 153

LAS DOCE SEMANAS DEL BUEN SALVAJE
Semana 1 161
Semana 2 165
Semana 3 170
Semana 4 172
Semana 5 176
Semana 6 180
Semana 7 184
Semana 8 188
Semana 9 192
Semana 10 196
Semana 11 201
Semana 12 205

Reconocimiento 209
Noticia acerca del autor 211

Crónicas Contemporáneas

Otros títulos de esta colección:

Fernando Ampuero
Gato encerrado:
crónicas, entrevistas, reportajes
Crónicas, entrevistas y reportajes donde Ampuero muestra
lo mejor de su faceta como periodista frente a los personajes
más variados, desde delincuentes y brujas hasta mitos con-
temporáneos de la talla de un Borges o un García Márquez.

Jorge Bruce
Asuntos personales:
la experiencia interior en la vida contempóranea
Agrupados y organizados por asuntos (clínicos, sociales,
culturales y de crítica) los artículos del psicólogo y escritor
Jorge Bruce revelan nuevas e insospechadas dimensiones.
Es como si al diálogo del autor con el lector viniera a su-
marse aquel de los textos entre sí, en un proceso de mutuo
enriquecimiento que termina de conferir a esta búsqueda,
a estos _Asuntos personales_, su razón de ser última: emprender la aventura de la intimidad.

Alfredo Bryce Echenique
A trancas y barrancas

Durante años, simultáneamente con el oficio de narrador que tanta fama le ha dado, Alfredo Bryce Echenique colaboró con diversos periódicos y revistas del Perú y el extranjero. *A trancas y barrancas* es una selección de los mejores de esos artículos escritos entre 1982 y 1996. Agrupados en seis secciones, ellos abordan una amplia variedad de temas, que van desde aquellos vinculados con sus experiencias de peruano en Europa, hasta los que profundizan en los problemas nacionales o, en general, el mundo contemporáneo, pasando por los comentarios literarios o las crónicas de viajes. *A trancas y barrancas* nos muestra una faceta nueva, pero igualmente brillante, de nuestro celebrado novelista. Reunidos ahora, estos artículos, que fueron disfrutados uno a uno en su momento, cobran una nueva dimensión, la que sólo pueden ostentar los escritos destinados a perdurar.

Alfredo Bryce Echenique
Permiso para vivir: antimemorias

Desde un capítulo perdido de Julius hasta un extenso testimonio sobre su experiencia cubana, pasando por emotivos episodios de amistad y de amor, y mil anécdotas sobre personajes de la literatura, del cine, de la política que Bryce conoció y conoce, los recuerdos de Bryce en *Permiso para vivir* constituyen un extraordinario conjunto de testimonios personales y un puente tendido en pos del afecto de sus lectores, con su calidad literaria acostumbrada.

Francisco Igartua
Reflexiones entre molinos de viento

Este volumen da testimonio de una pasión: la del periodista Francisco Igartua que ha hecho de su vida un permanente combate en defensa de la legalidad, de las libertades ciudadanas y de los valores democráticos en el Perú. La obra contiene una serie de ensayos sobre temas de permanente actualidad, como son los tercos errores de nuestra historia patria y el análisis del cómo, el porqué y el futuro del periodismo. En estas *Reflexiones* también expone el autor sus opiniones sobre Fidel Castro y la revolución cubana; su juicio sobre los militares socialistas que, con Velasco, "quisieron revolucionar el Perú y lo desarticularon"; y su permanente duda sobre la capacidad del APRA para gobernar.

Luis Jochamowitz
Ciudadano Fujimori:
la construcción de un político

Una apasionante indagación que recorre terrenos escasamente conocidos, a la caza de una historia personal marcada por los eventos —muchas veces dramáticos— de nuestro tiempo. El resultado es una historia urgente: el retrato de un Alberto Fujimori desconocido, una imagen inquietante e insólita extraída del otro lado del espejo y trazada con singular maestría por Jochamowitz.

Eloy Rosillo
Simplemente Lola:
confidencias a plena luz
Este libro relata una historia apasionante de una manera apasionada: es la revelación de una vida signada por una asombrosa sucesión de hechos plenos de dramatismo e intensa emoción. La gran actriz Lola Vilar nos entrega en estas páginas el valiente testimonio de quien ha sabido enfrentarse a la adversidad para salir triunfante.

Mario Vargas Llosa
Contra viento y marea, 3: 1964-1988
Según señala el propio autor, en este volumen "conviven viejos textos periodísticos —fantasmas resucitados de entre mis papeles— con reseñas literarias, notas autobiográficas, polémicas, pronunciamientos y reflexiones", escritos en diferentes circunstancias y en función de las solicitaciones que el mundo contemporáneo plantea al intelectual, al artista, al ciudadano. Mario Vargas Llosa expone, en esas páginas, un lúcido punto de vista sobre acuciantes asuntos de la realidad peruana y latinoamericana en general, como son las consideraciones acerca de su experiencia europea, su toma de posición respecto de los dolorosos sucesos de Uchuraccay, su objetiva visión de la revolución sandinista, sus análisis de las luces y penumbras de la pluricultural sociedad peruana, sus asedios al conflicto entre lo antiguo y lo moderno, sus preocupaciones por la condición humana a partir de la interpretación de la vida de los escritores y de su obra, así como las desinhibidas calas en su vida personal y familiar.

Mario Vargas Llosa

Desafíos a la libertad

Este libro es el testimonio del más reciente itinerario intelectual de Vargas Llosa, en cuyas páginas el autor alcanza un nivel de excelencia que hace del periodismo un ejercicio equiparable al de la producción literaria. Es una colección de artículos que constituye una ardiente defensa de la cultura de la libertad, así como una vehemente crítica de los nacionalismos, los integrismos y los variados autoritarismos que renacen en la escena contemporánea.

Mario Vargas Llosa

La verdad de las mentiras:
ensayos sobre la novela moderna

"Sólo la literatura dispone de las técnicas y poderes para destilar ese delicado elíxir de la vida: la verdad escondida en el corazón de las mentiras humanas", postula Mario Vargas Llosa a propósito de las veinticinco novelas (*Muerte en Venecia, El extranjero, Manhattan Transfer, Lolita, Trópico de Cáncer, El tambor de hojalata*, por mencionar algunas) que analiza, comenta e interpreta en este libro de felices encuentros e iluminaciones. *La verdad de las mentiras* es una apasionada apuesta por la permanencia de ese fuego provocador que es la literatura, universo de la plena libertad humana.